Die Rechtsentwickelung in Deutschland und deren Zukunft,

mit

besonderer Hinsicht auf Preußen.

Von

Dr. Wilhelm Bornemann,
Zweitem Präsidenten des Königl. Obertribunals.

Berlin.
Druck und Verlag von Georg Reimer.
1856.

Inhalt.

I. Vorwort.

Der Rechtszustand in den deutschen Ländern beruht im Wesentlichen auf denselben Grundlagen.

Zu dem einheimischen Rechte, welches sich schon, nach verschiedenen Seiten hin und in großer Mannichfaltigkeit, zu eigenthümlichen Gestaltungen entwickelt hatte, dennoch aber noch in seinen Anfängen begriffen war, kamen im Laufe der Geschichte das von Justinian zusammengefaßte und in Bologna glossirte römische Recht, und das in ähnlicher Weise zusammengetragene kanonische Recht. In Deutschland trafen hiernach drei Grundlagen der Rechtsbildung zusammen, und aus einer Verschmelzung derselben ist das gemeine Recht entstanden, dieses aber wiederum die Grundlage unseres Landrechts und der anderen neuen deutschen Gesetzbücher gewesen.

Das Eindringen des in Bologna wieder erweckten römisch-justinianischen Rechts, in seiner fremden und schwerfälligen Gestalt, in das Rechtsleben der deutschen Völker steht mit dem Wesen der Rechtsentwicklung scheinbar in grellem Widerspruch. Denn das Recht eines Volkes ist, wie jetzt kaum noch bezweifelt wird, keine Aneinanderreihung willkührlicher, vom Gesetzgeber erdachter Bestimmungen, sondern, wie die Sprache und jede andere Seite des Volkslebens, ein innerlich zusammenhängendes und allmählig sich entwickelndes Erzeugniß des besonderen Volksgeistes.

Wenn nun dessenungeachtet das fremde römische Recht den Widerstand des volksthümlichen Rechts und Rechtsgefühls überwunden, und kraft des Gewohnheitsrechts Aufnahme in Deutschland erzwungen hat, so läßt sich der mindestens scheinbare Widerspruch dieser Thatsache mit dem Wesen der Rechtsentwickelung nicht verkennen. Es drängt sich daher die Frage auf, ob und wie dieser Widerspruch zu lösen sei. Diese Frage mag für die Gegenwart, insbesondere für uns preußische Juristen, wenigstens in praktischer Hinsicht, bedeutungslos erscheinen. Die Beantwortung derselben ist indessen auch für uns wichtig, einer Seits um den richtigen Standpunkt und Blick für unseren Rechtszustand zu gewinnen, anderer Seits und vornämlich um die Nothwendigkeit der weiteren Entwickelung dieses Rechtszustandes richtig zu würdigen, und dabei in den uns zugewiesenen Kreisen im rechten Geiste mitzuwirken. Diese praktische Seite der Frage hat mich zu der nachfolgenden Erörterung veranlaßt. Auf wesentlich neue Entdeckungen macht dieselbe keinen Anspruch. Ihr Zweck ist vielmehr nur, aus den Ergebnissen der Forschungen Anderer die Schlüsse zu ziehen, die ich hinsichtlich der Vergangenheit, Gegenwart und Zukunft unseres Rechtszustandes für die richtigen halte [1]).

II. Das Wesen der Rechtsentwickelung überhaupt.

Das Recht eines Volks ist, wie bemerkt, ein von der Willkühr des Einzelnen im wesentlichen unabhängiges, allmählig sich entwickelndes Erzeugniß des Volksgeistes. Die Entwickelung des

---

[1]) Neben vielen anderen Schriften verweise ich auf: Gaup, die Zukunft des deutschen Rechts; die neueren Systeme des deutschen Rechts; die Zeitschrift für deutsches Recht von Reyscher und Wilda; Ihering, Geist des römischen Rechts; Beseler, Volks- und Juristenrecht; Lenz, über die geschichtliche Entstehung des Rechts; C. A. Schmidt, der principielle Unterschied zwischen dem römischen und germanischen Recht; besonders aber auf Roeder, Grundgedanken und Bedeutung des römischen und germanischen Rechts.

Rechts erfolgt aber nicht, wie die Entwickelung der Pflanzen, nach den Gesetzen einer blinden Naturnothwendigkeit. Sie ist vielmehr das Ergebniß menschlicher Thätigkeit, die allerdings durch den Rechtsgedanken, wie ihn das betreffende Volk erfaßt und allmählig ausbildet, so wie durch dessen gesammte Eigenthümlichkeit bestimmt wird, immer aber eine durch menschliche Thätigkeit bewirkte, und daher freie ist. Eben deßwegen sind auch vorübergehende Abirrungen von der Bahn, auf welcher der Volksgeist fortschreitet, und Eingriffe in die ruhige Fortentwickelung des Rechts nicht nur denkbar, sondern erfahrungsmäßig so häufig, daß nach dem, was äußerlich vorliegt, die Entwickelung des Rechts hauptsächlich als das Werk der verständigen Ueberlegung oder Willkühr erscheinen kann.

Zuvörderst werden den Völkern — um wirklich oder vermeintlich bestehenden Uebelständen entgegen zu wirken — nicht selten Rechtsbestimmungen aufgezwungen, welche der dem Volksgeiste entsprechenden Rechtsentwickelung widerstreiten. Dergleichen Eingriffe sind indessen immer nur vorübergehend. Der Volksgeist weiß immer Mittel und Wege zu finden, welche solche Rechtsbestimmungen unschädlich oder deren Umgehung möglich machen, so daß sie mit der Zeit, selbst wenn deren ausdrückliche Aufhebung nicht erfolgt, in den Hintergrund gedrängt, und von der durch den Volksgeist bedingten Rechtsentwickelung überdeckt werden.

Sodann gelangt erfahrungsmäßig jeder europäische Staat in seiner geschichtlichen Entwickelung zu gesetzgeberischen Feststellungen des ganzen Rechtsstoffes oder einzelner Theile desselben. Bei diesen Feststellungen sind, da kein menschliches Werk vollkommen ist, Fehlgriffe und Abirrungen unvermeidlich. Dieselben entsprechen daher selbst dem schon gewordenen Rechte nicht vollkommen. Durch die Feststellungen wird aber auch die Rechtsentwickelung gehemmt und anscheinend dergestalt abgeschlossen, daß das Recht, welches mit uns geboren ist, nicht mehr zur Geltung kommen kann. Jedes Einschreiten der Gesetzgebung scheint daher mit dem angedeuteten Wesen der Rechtsentwickelung in Widerspruch zu stehen. Da ein solches Einschreiten aber dessenungeachtet häufig stattgefunden hat und noch stattfindet, so scheint daraus wiederum zu folgen, daß die Ausbildung des Rechts im Wesentlichen von der verständigen Ueberlegung oder Willkühr Einzelner abhängt. Für diese früher ziemlich allgemein verbreitete Auffassung spricht indessen, die Sache näher betrachtet, doch nur der äußere Schein. Jede gute Gesetzgebung, welche mit vollem Ernste und treuer Hingebung, ohne Nebenabsichten, unternommen wird — und von solchen Gesetzgebungen kann im Gegensatz zu den vorbezeichneten Eingriffen hier nur die Rede sein — ist immer ein kräftiges Förderungsmittel der volksthümlichen Rechtsentwickelung, indem durch dieselbe vieles, was im Werden begriffen ist oder noch unbestimmt hin und her wogt, zum Durchbruch gefördert und zu einer dem Rechtsbewußtsein des Volks entsprechenden Feststellung gebracht wird. Neben diesen die Rechtsentwickelung fördernden Seiten hat jede gute Gesetzgebung allerdings auch ihre schwachen Seiten, indem sie, wie bemerkt, auch Rechtsbestimmungen, die auf Fehlgriffen und Abirrungen beruhen, unvermeidlich feststellt, und der fortschreitenden Rechtsentwickelung anscheinend hemmend entgegentritt. Dadurch wird indessen die zeugende Kraft des Volksgeistes in Bezug auf die Rechtsentwickelung nicht ertödtet. Der Kampf, welcher sich durch die Geschichte der Völker zieht, der Kampf zwischen dem Ererbten und Werdenden, tritt, weil er gegen eine durch die Gesetzgebung erfolgte Feststellung gerichtet ist, nur schärfer hervor, und wird dadurch einiger Maaßen erschwert. Die schöpferische Kraft des Volksgeistes findet zunächst immer Mittel und Wege, um die angemessenen, veränderten oder neuen Rechtsanschauungen, wenn auch auf Umwegen oder durch eine von dem Gesetze absehende stillschweigende Uebereinkunft der Betheiligten, zu einer gewissen Geltung zu bringen. Diese Rechtsanschauungen gewinnen sodann mit der Zeit einen solchen überwiegenden Einfluß, daß auch die Gerichte zu einer denselben mehr und mehr entsprechenden Deutung der betreffenden Rechtsbestimmungen gelangen, bis endlich die Gesetzgebung selbst zu deren Beseitigung genöthigt wird. So hat z. B., wie ich in einer Erörterung über die schriftliche Form der Verträge gezeigt habe, das den Bestimmungen unseres Landrechts widerstrebende Rechtsbewußtsein einen wesentlichen Einfluß auf die Deutung und Anwendung dieser Bestimmungen geübt [1]). In späteren Erörterungen werde ich vielleicht auf ähnliche Einwirkungen hinweisen können. Hier mag nur noch darauf aufmerksam gemacht werden, daß die von den Bestimmungen des preußischen Handelsrechts abweichenden kaufmännischen Gewohnheiten, kraft stillschweigender Uebereinkunft, in der Handelswelt eine solche Bedeutung erlangt haben, daß die Kaufleute sich denselben ohne Gefährdung ihres Rufs nicht wohl entziehen können.

Der Kampf, welcher vor dem Einschreiten der Gesetzgebung zwischen dem Ererbten und Werdenden besteht, dauert mithin nach diesem Einschreiten fort, und führt in beiden Fällen mit Nothwendigkeit zu dem endlichen Siege des Werdenden. Dieser Sieg wird, durch die gesetzgeberische Feststellung des Rechts allerdings mehr oder weniger erschwert, und deßwegen könnte jede umfassende Gesetzgebung als wesentliches Hinderniß einer gesunden Rechtsentwicklung erscheinen. Neben einer solchen Gesetzgebung können indessen, — wie im römischen Rechte durch die eigenthümliche Stellung und Einwirkung der Prätoren, später der Juristen, geschah, — Einrichtungen getroffen werden, welche einer Seits den Sieg des Werdenden erleichtern, anderer Seits aber bewirken,

---

[1]) Erörterungen im Gebiete des preußischen Rechts von Dr. Bornemann, Heft I. S. 144 ff.

daß es zuvörderst durch den Kampf geläutert, und zu der dem Volksgeiste entsprechenden Reife gebracht wird. Wir werden später darauf zurückkommen. Für jetzt wollen wir festhalten, daß das Recht vor und nach dem Einschreiten der Gesetzgebung, abgesehen von vorübergehenden Abirrungen und Eingriffen, ein von der Willkühr des Einzelnen im wesentlichen unabhängiges, allmählig sich entwickelndes Erzeugniß des Volksgeistes ist.

In Folge dieser Entwickelung ist das Recht eines jeden Volks ein von dem Recht anderer Völker verschiedenes Sondergut dieses Volks. Alle Volksrechte sind aber doch mehr oder weniger mit einander verwandt, weil der, wenn auch verschiedenartig gefärbte, menschliche Geist in jedem Volke lebt, und der Grundgedanke des Rechts, wie verschieden er auch von den verschiedenen Völkern aufgefaßt wird, seinem innersten Wesen nach einer und derselbe ist. Bei den christlich-germanischen Völkern wird überdies die Verwandtschaft der Volksrechte dadurch begründet, daß alle diese Völker von dem germanischen Geiste durchdrungen und beziehungsweise zu einem neuen Leben befruchtet worden sind, so wie daß das Christenthum auf das Recht einen wesentlich mitbestimmenden Einfluß geübt hat und fortwährend übt. Demzufolge ist es auch denkbar, daß fremde Rechtssatzungen, gleich fremden Worten und Einrichtungen, von einem Volke aufgenommen und in sein Volksrecht hineingezogen werden. Solche Rechtssatzungen werden aber alsdann von dem volksthümlichen Rechtsbewußtsein erfaßt, und durch die Anwendung oder auch durch die Gesetzgebung dergestalt gefärbt, daß sie mit dem einheimischen Rechtsganzen in Einklang kommen, und wiederum ein Sondergut des Volks werden. Die Einführung des französischen Rechts, welches übrigens gleichfalls eine germanische Grundlage hat, in die am Rhein belegenen deutschen Länder, und das Festhalten dieses Rechts, nachdem der Zwang, durch welchen dasselbe aufgenöthigt worden, längst fortgefallen, ist ein großartiges Beispiel einer solchen Aneignung fremder Rechtssatzungen. Ein nicht minder großartiges Beispiel ist die Aufnahme des römisch-justinianischen Rechts Seitens der germanischen Völker.

III. Das alte römische Recht und die römische Sitte.

Die Römer sind das erste Volk, bei welchem der Mensch als Person zur Geltung, und damit das Privatrecht zu einer selbstständigen Gestaltung gekommen ist. Wie auch der ursprüngliche Rechtszustand der Römer (das fas) gewesen sein mag, der Kampf der Patricier und Plebejer führte nach Abschaffung des Königthums zu einem gemeinsamen gewillkührten Rechte (jus aequum), in welchem die Anerkennung des Menschen als Person, der Gedanke der selbstständigen Geltung des Einzelnen und seines Rechts, die Grundlage bildet, und das eben deßwegen im weitesten Sinne des Worts ein jus personarum und privatum ist. Diese Anerkennung erfolgte zunächst nur für den civis romanus sui juris, für diesen aber bis zu einer äußerst gesteigerten Einseitigkeit. Der eiserne und starre Wille der Person, welcher für alle Verhältnisse, in denen er sich geltend macht, unbedingte und ausschließliche Herrschaft verlangt, und nur die Gegensätze einer solchen Herrschaft und gar keiner Berechtigung anerkennt, ist für den civis romanus sui juris in den zwölf Tafeln zur Geltung gebracht, und bis zu dem Grade verwirklicht, daß eine gleichzeitige Einwirkung zweier oder mehrerer Personen auf denselben Gegenstand, ein So- und zugleich ein Anders-Wollen derselben Person, eine Ausgleichung widerstreitender Ansprüche nach den Grundsätzen der Billigkeit, als etwas de jure undenkbares ganz ausgeschlossen ist, dadurch aber die wahre und volle Freiheit doch wieder wesentlich beengt wird.

Dieser Geist des alten jus civile, der das Recht zu einem

Recht der Gewalt stempelte, durchdrang jedes Verhältniß. Demgemäß war:

1. Der pater familias nicht bloß das Haupt der Familie, sondern für das Privatrecht dergestalt Herr über seine in justo matrimonio erzeugten Kinder, daß er dieselben de jure tödten, verkaufen, verstoßen, enterben durfte, und ihm alles erworben wurde, was die Kinder erwarben. Die patria potestas war demzufolge ihrer Wirkung nach ein wahres Eigenthumsrecht. Zwischen dem Verhältniß der Sklaven und Hauskinder war aber der wesentliche Unterschied, daß erstere nur als Sachen, letztere als Personen galten. Für das alte Recht hatte dieser Unterschied die Folge, daß der pater familias seinen Sklaven die fehlende Persönlichkeit, wozu sie als Menschen an sich befähigt waren, durch Manumission verschaffen und sie gleichzeitig zu selbstständigen Männern machen konnte, daß dies dagegen für die Hauskinder, eben weil sie schon als Personen galten, nur auf einem Umwege möglich war. Ursprünglich mag daher der Rechtssatz bestanden haben, daß die väterliche Gewalt, abgesehen von einigen priesterlichen Würden, nur durch den natürlichen oder bürgerlichen Tod gelöst werden könne. In sehr früher Zeit wurde indessen die Aufhebung der väterlichen Gewalt, während des Lebens des Vaters, dadurch möglich gemacht, daß zunächst die Persönlichkeit des Kindes durch Versetzung desselben in eine fingirte Sklaverei vernichtet wurde. Die solchergestalt möglich gemachte emancipatio der Hauskinder hing lediglich von dem Willen des pater familias ab, so daß das Hauskind sie weder erzwingen, noch verhindern konnte. Der emancipatus aber ging nicht bloß aus der väterlichen Gewalt, sondern wurde der Familie gänzlich entfremdet, so daß er die Agnationsrechte und mit diesen das gesetzliche Erbrecht in das Vermögen der Familienglieder verlor.

2. Frauen konnten, wiewohl sie im vollen Sinne des Worts als Personen galten, nach altrömischer Auffassung niemals selbst-

ständig werden, da sie des dazu erforderlichen eisernen Willens entbehrten. Sie fielen daher, wenn sie unter keiner patria potestas standen, unter die tutela der Familie, und gingen, wenn sie eine altrömische strenge Ehe schlossen, aus der patria potestas oder tutela legitima in die Gewalt (manus) des Mannes über. Diese Gewalt war wiederum, im Geiste der altrömischen Rechtsrichtung, eine die Persönlichkeit der Ehefrau de jure dergestalt in den Hintergrund drängende, daß ihr ganzes Vermögen, und alles was sie erwarb, Eigenthum des Mannes wurde, sie selbst aber den Mann als sua heres beerbte, und überhaupt filiae loco war. Die Ehefrau, welche nicht in die manus des Mannes gekommen war, blieb dagegen von jeder Einwirkung desselben auf ihre Person und ihr Vermögen befreit, und der Gewalt ihres Vaters dergestalt unterworfen, daß dieser sie sogar mittelst des interdictum de liberis exhibendis dem Manne jederzeit abfordern konnte.

3. Der pater familias konnte, seinen Kindern und Agnaten gegenüber, nicht bloß unter Lebendigen, sondern auch von Todeswegen über sein Vermögen schrankenlos verfügen. Wenn dies auch ursprünglich nur mit Genehmigung der Bürgergemeinde geschehen durfte, so war doch der Grundsatz selbst schon in den ältesten Zeiten anerkannt und demnach für das Erbrecht der bei anderen Völkern ausschließend oder überwiegend bestehende Begriff eines Familienguts, welcher die den Willen des Eigenthümers beschränkende Berechtigung Anderer an dem ganzen Vermögen oder doch an dem Erbgute voraussetzt, durch den schroffsten Gegensatz verdrängt. Der pater familias durfte aber nicht gleichzeitig so und anders Wollen, und demzufolge weder pro parte testatus, pro parte intestatus sterben, noch auch dem berufenen Erben die Erbschaft durch eine fideicommissarische Substitution wieder entziehen (semel heres, semper heres). Die Anordnung einer solchen Substitution war daher nur in der Form einer an den

Erben oder Legatar gerichteten Bitte möglich, durch eine solche Bitte wurde aber der, an den sie gerichtet war, de jure nicht gebunden. Machte der pater familias von seinem Verfügungsrechte keinen Gebrauch, trat also die gesetzliche Erbfolge ein, so ging der Nachlaß nur an die Personen über, welche durch die väterliche Gewalt des Erblassers mit einander verbunden waren oder durch die väterliche Gewalt eines Vorfahren noch verbunden sein würden, wenn das Band nicht ohne Emancipation gelöst worden wäre; also an die sui, consanguinei und agnati, nicht aber an die cognati, und insbesondere auch nicht an die durch Emancipation aus der Familie geschiedenen Personen.

4. Als Eigenthum erkannten die Römer nur die unbedingte und ausschließliche Unterwerfung einer Sache unter den Willen der Person. Dasselbe konnte daher nur an körperlichen Sachen, bei denen eine solche Unterwerfung allein denkbar ist, stattfinden. An diesen Sachen gewährte es aber ein unbeschränktes und ausschließliches Verfügungsrecht, so wie den unbedingten Anspruch auf Anerkennung gegen Jedermann, ohne Rücksicht auf die für den dritten Besitzer etwa sprechenden Billigkeitsgründe. Demgemäß galt für die Verfolgung des Eigenthums der Satz: ubi rem meam invenio, ibi vindico; so daß auch der redliche Besitzer die Sache unentgeltlich herausgeben mußte, selbst wenn er sein Recht von dem Vormann des Eigenthümers ableitete (Kauf bricht Miethe), oder wenn der letztere an dem Verluste der Sache und den Folgen dieses Verlustes schuld war. Ferner waren eben deßwegen alle Erwerbungsarten des alten Rechts der Form und dem Wesen nach Okkupationen oder solche, bei denen die Macht des Willens als ausschließlicher Grund der Erwerbung erscheint. Insbesondere erfolgte die Ersitzung beweglicher und unbeweglicher Sachen, ursprünglich wahrscheinlich ohne das Erforderniß der bona fides, in der kurzen Frist von einem und zwei Jahren, wodurch indessen die dem Verkehr drohenden Ge-

fahren des unbedingten Vindikationsrechts wieder einiger Maaßen beseitigt wurden.

5. Der Grundgedanke des römischen Rechts, welcher zu dem starren Begriff des Eigenthums führte, machte für die Römer ein wahres Gesammteigenthum, so wie eine nach verschiedenen Richtungen getheilte Herrschaft Mehrerer über dieselbe Sache ganz undenkbar. Selbst die Anerkennung untergeordneter dinglicher Rechte, als Beschränkungen des Eigenthums, widersprach dem Wesen desselben. Das dringende gegenseitige Bedürfniß führte jedoch zu einem engen und scharf abgeschlossenen Kreise dinglicher Rechte, als vom Eigenthum abgelöster und selbstständig gemachter Befugnisse. So entstanden die Servituten, zu denen erst später die superficies und emphyteusis kamen, und die nur in patiendo oder non faciendo, nicht in faciendo bestehen konnten, da eine Vermischung des jus in re mit der obligatio, die Verpflichtung aller künftigen Eigenthümer der dienenden Sache zu obligatorischen Handlungen durch einen früheren Eigenthümer, ganz undenkbar erschien. Das Pfandrecht ist für die älteste Zeit noch nicht zu den dinglichen Rechten zu rechnen. Denn das Faustpfand (pignus) gewährte gar kein juristisches Verhältniß. Die alte fiducia bestand aber darin, daß der Schuldner das volle Eigenthum der Sache durch mancipatio oder in jure cessio dem Gläubiger überließ, und dieser sich durch das pactum fiduciae verpflichtete, die Sache nach Tilgung der Schuld zurück zu mancipiren oder in jure zu cediren, inzwischen auch die Sache in der Regel precario in den Händen des Schuldners ließ.

6. Dem Eigenthum und jus in re stand die obligatio gegenüber, durch welche dem Berechtigten der Wille des Verpflichteten in der bestimmten Beziehung ebenso, wie bei dem Eigenthum die Sache, unterworfen, der zu gewährende Gegenstand dagegen unmittelbar gar nicht berührt wurde. Kraft des strengen nexum, welches in dem ältesten Recht anscheinend die

einzige nach Civilrecht obligirende Form war, umfaßte die obligatio sogar die ganze Persönlichkeit, so daß der Schuldner, welcher seine Verbindlichkeit nicht erfüllte, als Schuldknecht abgeführt werden durfte. In der Folge entstanden so viele einzelne, scharf abgegränzte und mit besondern Klagen versehene Obligationen, als Herrschaftsverhältnisse der vorbezeichneten Art sich bildeten. Eine Vertretung der einen freien Person durch die andere freie Person, wodurch die Freiheit selbst würde aufgehoben worden sein, war den Römern undenkbar, und daher der Erwerb durch einen die Persönlichkeit vertretenden Dritten, so wie der Uebergang der Rechte und Pflichten aus einer Obligation ganz unzulässig (obligatio tertio non contrahitur, per liberam personam non acquiritur).

7. Der Grundgedanke des römischen Rechts äußerte sich endlich in den strengen, den Willen des Erklärenden scharf ausdrückenden Formen, welche bei allen dem jus strictum angehörenden Rechtsgeschäften vorgeschrieben oder gebräuchlich waren; ferner in der Ausschließung jeder Stellvertretung bei den legis actionibus, mit Ausnahme einiger durch besondere Verhältnisse gerechtfertigten Fälle (pro populo, libertate und tutela): desgleichen in der höchst ausgedehnten Befugniß zur Selbsthülfe bei der Rechtsvollstreckung.

Es mag wunderbar erscheinen, daß ein Volk, welches die Willensmacht und Selbstbestimmung der einzelnen Bürger de jure in solchem Umfange anerkannte, und in vielen Beziehungen die äußerste Ungebundenheit rechtlich feststellte, anstatt rasch wieder auseinander zu fallen, geraume Zeit hindurch nach Innen und Außen eine unwiderstehliche Kraft entwickelte. Es mag dies um so wunderbarer erscheinen, weil eines Theils derselbe Mann, welcher als filius familias oder nexus der weitgreifenden Gewalt eines Anderen unterworfen war, nach erlangter Wehrhaftigkeit aller öffentlichen Rechte eines römischen Bürgers theilhaftig wurde oder blieb, so wie weil anderen Theils der Grundgedanke des römischen Rechts sich auch in der Staatsverfassung abspiegelte und zu Einrichtungen führte, die anscheinend in hohem Grade störend und selbst zerstörend einwirken mußten. So waren der populus, die plebs und in gewissem Umfange auch der Senat gleichzeitig befugt, die gesetzgebende Gewalt mit bindender Kraft für die Gesammtheit auszuüben. Der Gedanke einer Volksvertretung durch gewählte Abgeordnete blieb ferner den Römern stets fremd, indem sie darüber, daß jeder Bürger, wie im Privatrecht, persönlich seine Stimme abzugeben habe, niemals hinauskamen. Jeder Beamte war auch in seinem Amtskreise mit einer der Herrschaft des pater familias ähnlichen überaus weit greifenden Machtfülle bekleidet, und konnte dieselbe, wenn er Amtsgenossen hatte (Konsuln und Volkstribunen), ohne Rücksicht auf deren Meinung geltend machen, der Amtsgenosse oder ein Volkstribun ihm aber wiederum durch sein Veto entgegentreten. Alle diese Eigenthümlichkeiten, die dem Volksgeiste der Römer vollkommen entsprachen, mögen uns in hohem Grade zerstörend erscheinen. Wir brauchen indessen nur auf England zu blicken, um uns zu überzeugen, daß bei willenskräftigen Völkern und unter entsprechenden Verhältnissen die freie Selbstbestimmung der beste Schutz gegen den Mißbrauch der Freiheit und zugleich das sicherste Mittel ist, einen Gemeinsinn zu erzeugen, der bei aller an sich gewährten Ungebundenheit, und trotz aller Mängel der Verfassung und Verwaltung, so wie trotz aller Kämpfe der Parteien, der Gesammtheit eine ungemeine Kraft verleiht, und immer wieder zu einer dem Ganzen ersprießlichen Einigung führt. Nun war zwar in Rom die freie Selbstbestimmung in einem Umfange anerkannt, wie bei keinem Volke vor- und nachher, und wie kein anderes Volk es ertragen würde. Die eiserne Willenskraft der Römer setzte sich indessen, so lange die Bürgerschaft davon erfüllt war, selbst die erforderlichen Schranken, und diese Schranken wurden von der Sitte eben so festgestellt und geheiligt, wie die Forderungen des eisernen Willens im Rechte anerkannt waren. Kraft des Rechts waren hiernach die Römer, so weit der Grundgedanke desselben die Willkühr nicht ausschloß, von jeder Schranke entbunden, und z. B. zu der härtesten Behandlung ihrer Kinder befugt. Mit freier Selbstbestimmung und Selbstbeschränkung unterwarfen sie sich aber den durch die Sitte gezogenen und geheiligten Schranken, und übten z. B. die häusliche Gerichtsbarkeit über Kind und Frau nicht aus, ohne vorher die nächsten Blutsverwandten des Kindes und der Frau zugezogen und befragt zu haben. Und wenn der Eine oder Andere sich, mit Ueberschreitung dieser Schranken, zum Mißbrauch hinreißen ließ, so verfiel er dem göttlichen Fluch und später dem Censor als Wächter der Sitte.

IV. Die Fortentwicklung des römischen Rechts zu einem römisch gefärbten Weltrechte.

Das alte jus strictum und die alte Verfassung setzten aber ein mäßiges Gebiet, mäßige Glücksgüter und Männer von eiserner Willenskraft voraus. Diese Bedingungen fielen fort, als das römische Gebiet immer weiter ausgedehnt, und die eiserne Willenskraft durch verschiedene Einwirkungen — die Anhäufung der Glücksgüter in den Händen einzelner Bürger, die Gewöhnung an Uebermuth und Zügellosigkeit in den eroberten Provinzen, die Ertheilung des commercium und später des vollen Bürgerrechts an immer größere Massen, die Verarmung und das Abhängigwerden dieser Massen von Kornspenden ꝛc., das Zuströmen fremder Einflüsse — allmählig gebrochen wurde, und mehr und mehr aufhörte Gemeingut der Bürger zu sein. Einer Seits verloren die in alter Zeit durch die Sitte festgestellten Schranken nunmehr ihre zügelnde Kraft. Anderer Seits fühlten sich die späteren Römer, bei dem wachsenden Verkehr mit Mitbürgern und Fremden, durch die strengen Grundsätze und Formen in mehrfacher Hinsicht beengt. In zwiefacher Beziehung mußte daher das jus strictum, um dem Bedürfniß der Gegenwart zu genügen, fort- und umgebildet werden. Dies erfolgte aber — da die Zähigkeit des römischen Volksgeistes einer Umgestaltung durch die Gesetzgebung entgegen war, eine solche Umgestaltung auch, bei der allmähligen Abschwächung der Willenskraft und dem rasch wachsenden Verkehr, dem Bedürfniß immer nur auf kurze Zeit würde genügt haben — in eigenthümlicher Weise durch den Prätor und die Rechtskundigen. Den Weg dazu bahnte die Ausbildung eines jus gentium neben dem jus civile.

Mit der Ausdehnung des römischen Gebiets wurde der Verkehr zwischen den Römern oder Latinern einer Seits und den innerhalb dieses Gebiets wohnenden Peregrinen anderer Seits, so wie zwischen den letzteren unter sich, so bedeutend, daß im Jahre 520 nach Erbauung der Stadt ein besonderer Peregrinen-Prätor bestellt wurde, um die aus diesem Verkehr entstehenden Streitigkeiten zu ordnen. Auf diese Streitigkeiten war das jus civile mit seinen nur für römische Bürger geltenden Bestimmungen und Formen eben so wenig anwendbar, als das Recht irgend eines anderen bestimmten Volks zur Richtschnur dienen konnte. Das anwendbare Recht mußte vielmehr erst gefunden werden, und dies erfolgte dadurch, daß die Peregrinen-Prätoren, kraft der auch diesen Beamten in ihrem Berufskreise verliehenen Machtfülle, ein jus gentium, d. h. das, was sie als das allen Menschen gemeinsame Recht ansahen — quod naturalis ratio inter omnes homines constituit, quod semper bonum et aequum est — in der Rechtsanwendung geltend machten, in ihrem Edikte verkündeten und allmählig weiter ausbildeten. Dabei faßten sie nicht die wirklich bestehenden Volksrechte ins Auge, und suchten durch Vergleichung derselben das auf die verschiedenen Parteien anwendbare Recht zu finden, was auch zu keiner festen gemeinsamen Grundlage, und leicht zu einer Zurücksetzung der Römer und Latiner würde geführt haben. Sie gingen vielmehr von der, durch die Erfahrung bestätigten, Ansicht aus, daß alle römischen Rechtsverhältnisse — Sklaverei, väterliche Gewalt, Ehe, Erbfolge, Eigenthum, Servituten, Pfandrecht, Verträge — auch bei den Peregrinen, jedoch in einer andern, besonders in einer weniger bestimmt und scharf ausgeprägten Gestalt vorkommen. Demgemäß streiften sie von dem jus civile das, was ihnen eigenthümlich römisch erschien, besonders also die starren Formen ab, und richteten es überhaupt für Menschen von gewöhnlicher Willensstärke und damit nothwendig verbundener Willensschwäche ein. Von dem Grundgedanken des römischen Rechts — die Anerkennung der Persönlichkeit und freien Selbstbestimmung des Menschen — und von der Richtung, welche diesem Grundgedanken im jus civile für die verschiedenen Rechtsverhältnisse gegeben war, konnten sich die Prätoren als Römer unmöglich losmachen. Diese Richtung mußte daher auch für das jus gentium maaßgebend bleiben. Innerhalb derselben drängte aber die Natur der Sache dahin, daß das jus gentium erstens den allgemein menschlichen Verhältnissen in Bezug auf Form und Inhalt angepaßt, und zweitens der Machtfülle, welche das jus civile nur dem Römer gewährte, entkleidet, in sich selbst mithin so gestaltet wurde, daß es dem Mißbrauch, gegen den in Bezug auf das jus civile nur die Sitte schützte, von Rechtswegen entgegentrat. Insbesondere mußte, wie hier noch hervorgehoben werden mag, für die Peregrinen ein auf Kognation gegründetes Erbrecht festgestellt werden, da die denselben fremde römische Agnation in das jus gentium nicht übertragen werden konnte.

Wie der Grundgedanke des jus civile und die demselben darin gegebene Richtung wesentliche Grundlage des jus gentium war, so wirkte das letztere auf das jus civile ein, als aus den vorerwähnten Gründen eine Fort- und Umbildung desselben nothwendig wurde. Im Wege der Auslegung mag dies schon in sehr früher Zeit geschehen sein. Eine durchgreifende Einwirkung des jus gentium auf das jus civile fand aber wahrscheinlich erst statt, als, nach Abschaffung der starren legis actiones, die vom Prätor causa cognita abgefaßten Formeln Grundlage der Rechtsverfolgung wurden. Nun konnte der praetor urbanus, um dem Bedürfniß der Gegenwart zu entsprechen, kraft der ihm verliehenen Machtfülle, dem angemesseneren jus gentium oder doch einer Nachbildung desselben Eingang in das jus civile verschaffen; freilich aber, da er das durch den Volkswillen geheiligte jus strictum nicht unmittelbar antasten durfte, nur durch fictiones, exceptiones, praesciptiones, actiones utiles u. s. w. So wurde das jus honorarium, welches die Prätoren zunächst adjuvandi vel supplendi, demnächst aber auch corrigendi juris civilis gratia propter utilitatem publicam bei der Rechtsanwendung einführten, die viva vox juris civilis, und als solche mit der Zeit die einzige lebendige Quelle des Civilrechts, welche wiederum durch die Rechtsgelehrten und kaiserlichen Gesetze weiter aus- und umgebildet wurde. Das solchergestalt ausgebildete jus civile und das von den Römern entwickelte jus gentium mußten sich aber allmählig dergestalt nähern, daß für die meisten Rechtsverhältnisse kein wesentlicher Unterschied blieb. Eine nothwendige Folge dieser Rechtsentwicklung war es daher, daß schon unter Kaiser Karakalla allen Bewohnern des römischen Reichs das Bürgerrecht ertheilt wurde, welches überdies jede politische Bedeutung verloren hatte.

Die Grundlage des dergestalt umgebildeten und mit dem jus gentium im Wesentlichen mehr und mehr zusammenfallenden jus civile blieb die Anerkennung der Persönlichkeit und ihrer freien Selbstbestimmung in der durch das ererbte Recht für die verschiedenen Rechtsverhältnisse gegebenen Richtung. Erstens aber wurde den römischen Bürgern, besonders unter den Kaisern, immer mehr die Machtfülle entzogen, welche das alte Recht ihnen gewährte, und folgeweise von der ausschließlichen Anerkennung der Willenskraft des Einzelnen, den ihm untergeordneten und dritten Personen gegenüber, zu einer Ausgleichung der Gegensätze fortgeschritten. Zweitens wurden die strengen Formen des alten Rechts allmählig abgestreift, und innerhalb der ererbten Richtung überhaupt leichtere und freiere Bewegungen nach und nach gestattet. Drittens wurde durch das Recht selbst dem Mißbrauch und der kraft des jus strictum möglichen laesio immer mehr entgegen gewirkt, und dadurch in gewissem Umfange, hin und wieder sogar über das angemessene Maaß hinaus, den Forderungen der Sittlichkeit und Billigkeit Rechtskraft gegeben. Die ganze Umbildung erfolgte aber, wenn nicht ein kaiserliches Gesetz den Zusammenhang zerriß, bei der für das Recht fortwirkenden Zähigkeit des römischen Volksgeistes dergestalt, daß das Neue immer an das Alte angeschlossen wurde, und die ererbten Grundsätze, wenn auch nur äußerlich, der Ausgangspunkt blieben. So erhielt sich bis in die späteste Zeit der, oft freilich nur wesenlose, Zusammenhang zwischen den alten Grundsätzen und neuen Rechtsbestimmungen, und damit in gewissem Umfange der, in der einen Lehre mehr, in der anderen weniger fortwirkende Einfluß jener Grundsätze. Ueberdies erfolgte die Rechtsentwickelung, zumal in der Regel nur das für die Gegenwart hervortretende Bedürfniß zu weitern Schritten trieb, nicht gleichmäßig. Manche Rechtsbestimmungen, welche das Bedürfniß einer früheren Zeit hervorgerufen hatte, und die von späteren Rechtsbestimmungen nicht unmittelbar berührt wurden, blieben daher, obgleich sie einer verschiedenen Rechtsanschauung angehörten, neben den letzteren stehen, und manche Lehre, z. B. die Anfechtung der Testamente wegen Verletzung im Pflichttheil, Präterition und Exheredation, wurde dadurch in hohem Grade verwickelt. Erst Justinian griff in dieser Hinsicht nach verschiedenen Seiten hin durch; z. B. durch Aufhebung des ganz wesenlos gewordenen Eigenthums ex jure quiritium, so wie durch ausschließliche Einführung der Kognaten-Erbfolge. Aber auch ihm gelang es nicht, die Masse des aufgesammelten Stoffs in ein von demselben Geist durchdrungenes Rechtsganze zu bringen.

Nach dem Allen ist das römische Recht, wie es uns in der Justinianischen Sammlung und den Novellen vorliegt, ein von dem wahren Grundgedanken des Rechts — der Persönlichkeit und freien Selbstbestimmung — ausgehendes, durch die Thätigkeit einer langen Zeit durchgebildetes und ausgesponnenes, in mehrfacher Hinsicht jedoch von der ererbten römischen Rechtsrichtung gefärbtes jus gentium. Die edelsten Kräfte haben sich, nach dem Untergange der Republik, diesem Rechte gewidmet, und mit der Schärfe des römischen Geistes an der Ausbildung desselben gearbeitet. Unmöglich aber konnte der Zwiespalt zwischen dem, was der römische Geist in seiner strengen Einseitigkeit geschaffen hatte und fest zu halten suchte, und dem, was das Bedürfniß einer überwiegend nicht römischen, auf einem ungeheuren Gebiet wohnenden, Bevölkerung forderte,- von Rom aus vollkommen ausgeglichen werden. Der römische Geist und die römische Rechtsrichtung äußerten vielmehr bis zuletzt ihren mitbestimmenden Einfluß, und machten sich in einzelnen Rechtssatzungen überwiegend geltend. Einige Andeutungen der stattgefundenen Rechtsentwickelung dürften dem Zweck der vorliegenden Erörterung entsprechen.

1. Die Gewalt des pater familias über seine Hauskinder wurde, besonders seit Augustus, mehr und mehr eingeschränkt. In Uebereinstimmung mit dieser Abschwächung der alten patria potestas wurden die Hauskinder in immer weiterem Umfange für befähigt erklärt, ein Sondergut zu erwerben (peculium castrense, quasi castrense, bona materna und materni generis). In

folgerechter Fortbildung der begonnenen Umgestaltung stellte daher Justinian schließlich den dem alten Rechte entgegengesetzten Satz auf, daß das Hauskind, mit alleiniger Ausnahme des durch das anvertraute Vermögen des Vaters (peculium profectitium) oder in Vertretung desselben gemachten Erwerbes, lediglich für sich selbst erwerbe, und dem Vater an diesem Erwerbe nur die freie Verwaltung und der Nießbrauch zustehe, soweit ihm nicht auch diese Rechte durch das Gesetz (peculium militare), oder durch Bestimmung des Erblassers entzogen wurden. Zu einer durchgreifenden Umbildung des Rechts im Geiste dieses Satzes gelangte aber auch Justinian nicht. Dies erhellt, wenn man das, was schließlich hinsichtlich der Rechtsgeschäfte zwischen dem Vater und Kinde, so wie hinsichtlich der Befugniß der Kinder zu Verfügungen von Todeswegen, Rechtens war, ins Auge faßt. a. In Bezug auf das peculium castrense und quasi castrense waren den Kindern die Rechte eines pater familias ausdrücklich beigelegt. Daraus wurde gefolgert, daß sie über dieses Vermögen unter Lebendigen und von Todeswegen frei verfügen, und mit dem Vater, wie mit einem Fremden, Rechtsgeschäfte eingehen könnten. In Bezug auf das peculium adventitium, für welches die Gesetze nur den Erwerb des Vaters ausschlossen, blieb dagegen die alte Regel, daß das Kind, selbst mit Zustimmung des Vaters, letztwillig nicht verfügen könne, so wie daß Rechtsgeschäfte zwischen dem Vater und Kinde rechtlich unwirksam seien, unangefochten stehen. b. Auf Grund dieser Regel wurde ferner bis in die spätere Kaiserzeit dafür gehalten, daß jedes peculium und selbst das peculium militare, wenn das Kind darüber nicht testirt hatte, nach dem Tode desselben dem Vater jure peculii zufalle. Erst in der späteren Kaiserzeit wurde gewissen Personen ein Erbrecht eingeräumt, und erst in der Novelle 118 bestimmt, daß das gemeine Intestaterbrecht auch auf die Pekulien, mit Ausnahme natürlich des peculium profectitium, Anwendung finde. c. Die Entlassung der Kinder aus der väterlichen Gewalt blieb — abgesehen davon, daß nach kaiserlichen Verordnungen höhere Staatsämter davon befreiten — im Ganzen von dem Willen des Vaters abhängig. Die Persönlichkeit der Kinder wurde nur insofern anerkannt, daß die Emancipation wider den Willen der Kinder untersagt wurde, und dieselbe in manchen Fällen erzwungen werden konnte. Im übrigen wußte man den Forderungen der Zeit in einem gewissen Umfange nur dadurch zu entsprechen, daß dem Vater, um ihn für die Emancipation zu stimmen, bei freiwilliger Entlassung ein vom Kaiser Konstantin eingeführtes, von Justinian ermäßigtes praemium emancipationis zugestanden wurde. Zu der dem Wesen des Verhältnisses entsprechenden deutschen Auffassung gelangten die Römer nicht.

2. Die tutela mulierum wurde, nachdem dieselbe schon zu Ciceros Zeit durch juristische Erfindungen unwirksam gemacht worden, mit der Zeit gänzlich beseitigt, den Frauen dagegen nunmehr in denjenigen Fällen, in denen sie nach der Ansicht der Römer propter levitatem sexus am leichtesten zu nachtheiligen Willenserklärungen zu verleiten waren, gegen Intercessionen nämlich, durch das S. C. Vellejanum ein besonderer Schutz gewährt. Ferner wurde die strenge Ehe allmählig durch die freie Ehe verdrängt, welche de jure von jedem Ehegatten willkührlich aufgelöst werden konnte, und eine Gemeinschaft des Vermögens beider Theile gänzlich ausschloß. Die Befugniß der willkührlichen Scheidung wurde auch zu keiner Zeit grundsätzlich aufgehoben. An die Stelle der Sitte, welche früher dem Mißbrauch entgegen gewirkt hatte, traten jedoch, besonders unter den christlichen Kaisern, fort und fort gesteigerte Nachtheile und Strafen, welche demjenigen angedroht wurden, der sich ohne gesetzlich festgestellten Grund von dem anderen Ehegatten trennte, oder die Trennung durch seine Schuld veranlaßt. Eben so wurde der Grundsatz der Ungemeinschaftlichkeit des Vermögens der Ehegatten nicht ange-

tastet, vielmehr dergestalt festgehalten, daß Schenkungen, welche ein Ehegatte oder eine mit demselben durch väterliche Gewalt verbundene Person dem anderen Ehegatten oder einer mit demselben durch väterliche Gewalt verbundenen Person machte, nach wie vor für unkräftig erachtet wurden. Nur insofern wurde dieser „rigor juris" gemildert, daß nach dem Tode eines Ehegatten die von demselben gemachten und nicht widerrufenen Schenkungen für rechtsbeständig erklärt wurden. Weiter ging auch Justinian nicht, so daß die Römer, nach Beseitigung der strengen Ehe, zu der Auffassung eines dem Wesen der Ehe irgend wie entsprechenden vermögensrechtlichen Verhältnisses der Ehegatten nicht gelangten. Für die persönlichen Verhältnisse der Ehegatten kamen sie dagegen zu dem, was das wahre Wesen der Ehe fordert, indem sie die Gleichberechtigung der Frau anerkannten, und die väterliche Gewalt dem Rechte der Ehe nachsetzten. Während Ulpian noch dem alten Rechte gegenüber äußert, daß der Vater zu überreden sei, ne acerbe patriam potestatem exerceat, wurde später dem Vater das interdictum de liberis exhibendis dem Ehemanne gegenüber abgesprochen, dieser dagegen ermächtigt, die Verabfolgung der Frau von dem Vater, in dessen Gewalt sie geblieben war, zu fordern.

3. Für das Erbrecht wurde besonders erstens die Macht des Familienbandes, insbesondre des kognatischen, dem nackten Willen des Erblassers gegenüber immer mehr anerkannt, und zweitens bei der gesetzlichen Erbfolge die cognatio immer mehr berücksichtigt, bis dieselbe unter Justinian die agnatio gänzlich verdrängte. Die prätorische bonorum possessio, d. h. nach den wahrscheinlichen neueren Ermittelungen die Einweisung der vorläufig als berechtigt anerkannten Person in den Besitz der Erbschaft, war ursprünglich das Mittel, um den veränderten Rechtsansichten Eingang und Geltung zu verschaffen, und die höchst verwickelte allmählige Umbildung des strengen Erbrechts zu begründen. a. Die

Berücksichtigung des Familienbandes dem nackten Willen gegenüber begann mit der Forderung, gewisse Personen — in der ältesten Zeit die sui, später alle erbberechtigten Descendenten — zu instituiren oder rite zu exherediren, widrigenfalls, nach Verschiedenheit der Personen, die Erbfolge aus dem Testamente entkräftet, oder dem Uebergangenen ein eigenthümliches Accrescenzrecht zugestanden wurde. Demnächst wurde durch Gerichtsgebrauch festgestellt, daß der für einen im Wahnsinn verstorbenen zu achten sei, der gewissen nächsten Verwandten — den Descendenten, Ascendenten und consanguinis, welche ab intestato ihn würden beerbt haben — nicht einen bestimmten Theil dessen, was ihnen bei der gesetzlichen Erbfolge zugekommen wäre, hinterlasse. Jedes an und für sich gültige Testament, in welchem der Pflichttheil nicht hinterlassen war, konnte hiernach mit der querela inofficiosi angefochten, und ganz oder theilweise rescindirt werden; nach Justinians Beschränkung jedoch nur dann, wenn dem Berechtigten in dem Testamente gar nichts hinterlassen war, wogegen derselbe, wenn ihm irgend etwas zugewendet worden, nur auf Ergänzung des Pflichttheils sollte klagen dürfen. Endlich verordnete Justinian in der Nov. 115, daß der Erblasser seine notherbenberechtigten Descendenten und Ascendenten nur aus den im Gesetze bestimmten Gründen enterben dürfe, in Ermangelung dieser Gründe dagegen nominatim als Erben berufen müsse. Jedes Testament, in welchem der Notherbe nicht aus einem gesetzlichen Grunde enterbt oder nominatim als Erbe berufen war, sollte in Bezug auf die Erbeseinsetzung seine Kraft verlieren. Der gehörig berufene Notherbe sollte dagegen, wenn ihm demnächst auch nur ein minimum im Testamente zugewendet worden, bloß die Ergänzung des Pflichttheils fordern dürfen. Nach endlicher Ueberwindung der nackten Willkühr des Erblassers, der Familie gegenüber, wurde hiernach eine durchaus wesenlose Erbeseinsetzung zur Gültigkeit des Testaments erfordert, indem eine solche offenbar darin liegt, daß der Notherbe nominatim berufen werden mußte, dann aber ohne Nachtheil für die Rechtsbeständigkeit des Testaments auf ein minimum gesetzt werden durfte. Justinian sagt auch selbst, daß seine Absicht nur sei, a parentibus et liberis injuriam praeteritionis et exheredationis auferre. Ueberdies gelangte Justinian auch in dieser Lehre nicht zu einer seiner eigenen Auffassung entsprechenden Durchbildung, indem er das Verhältniß der Novelle 115 zu dem älteren Notherbenrechte unbestimmt ließ, und ein gemeinsames auf gleichen Grundsätzen beruhendes Klagerecht nicht einführte, dadurch aber die Lehre in eine nicht geringe Verwirrung brachte. b. Der Grundsatz: nemo pro parte testatus, pro parte intestatus decedere potest konnte durch die querela inofficiosi, wenn diese zu einer theilweisen Rescission des Testaments führte, beseitigt werden, und war durch Anordnung der Partitionslegate, die nur dem Scheine nach Legate waren, und später als Universal-Fideikommisse behandelt wurden, vollständig untergraben. Er gehörte daher dem überwundenen Rechtszustande an, wurde aber dessenungeachtet nur für die testirenden Soldaten aufgehoben, für andere Personen dagegen festgehalten. Hiernach erhielt z. B. ein in re certa eingesetzter Erbe, wenn nicht zugleich andere Erben eingesetzt waren, den ganzen Nachlaß. c. Eben so wurde der alte Grundsatz: semel heres, semper heres nur zu Gunsten der Soldaten ausdrücklich aufgehoben, so daß eine der Erbeseinsetzung beigefügte auflösende Bedingung oder die Bestimmung, daß der Berufene ex certo tempore oder ad certum tempus Erbe sein sollte, keine Gültigkeit hatte, der dergestalt eingesetzte Erbe mithin einem pure eingesetzten Erben gleich geachtet wurde. Dieser Grundsatz verlor indessen wesentlich dadurch seine Bedeutung, daß den Fideikommissen, obwohl ihnen die strenge Form der Legate — die verba directa und imperativa — fehlten, seit Augustus Rechtskraft beigelegt wurde. Nun konnte der Erblasser den Erben auch mit erzwingbaren Universal-Fideikommissen beschweren, und der Erbe, nach Antretung der Erbschaft, und, wenn eine conditio oder ein dies beigefügt war, nach deren Eintritt genöthigt werden, die Erbschaft an den Fideikommissar herauszugeben. Anfänglich wurde der Fideikommissar, dem ererbten Grundsatze entsprechend, als bloßer Vermächtnißnehmer, legatarius partiarius, behandelt, so daß zwischen ihm und dem Fiduciar stipulationes partis et pro parte geschlossen werden mußten, um sich gegenseitig zu schützen. Demnächst wurde durch das S. C. Trebellianum bestimmt, daß der Fideikommissar, dem die Erbschaft nach dem Willen des Erblassers restituirt worden, mit einer actio utilis als quasi Erbe klagen und verklagt werden könne. Die Antretung der Erbschaft, als nothwendige Bedingung des Uebergangs auf den Erben und folgeweise auf den Fideikommissar, blieb indessen nach wie vor von dem Willen des Erben abhängig. Dieser konnte daher das Recht des Fideikommissars nach Belieben vereiteln. Um dieses Hinderniß zu beseitigen, wurde durch das S. C. Pegasianum der eigenthümliche Rechtssatz eingeführt, daß der Fideikommissar den Fiduciar zwingen dürfe, die Erbschaft anzutreten. Gleichzeitig wurde der Fiduciar ermächtigt, dem Fideikommissar die quarta facidia abzuziehen, wenn er die Erbschaft freiwillig antrat, und ihm der Erblasser nicht den vierten Theil freigelassen hatte. Aus den neben einander bestehenden Gesetzen wurden nun folgende Sätze hergeleitet: Machte der Fiduciar den Abzug, so wurde er als Erbe angesehen, der Fideikommissar als legatarius partiarius behandelt. Eben so wurde der Fiduciar als Erbe angesehen, wenn er, nach freiwilligem Antritt der Erbschaft, auf den Abzug verzichtete, so daß beide Theile auch in diesem Falle sich durch stipulationes quasi emtae et venditae hereditatis gegenseitig schützen mußten. Ließ sich der Fiduciar dagegen zum Erbschaftsantritt zwingen, in welchem Falle er seinen ganzen Erbtheil dem Fideikommissar herausgeben mußte, so wurde lediglich der letztere als Erbe betrachtet. War endlich dem Fiduciar der vierte Theil seines Erbtheils freigelassen, so wurden der Fiduciar und Fideikommissar pro rata als Erben angesehen. Diese Verwickelungen, welche allerdings den ererbten Rechtsgrundsätzen entsprachen, beseitigte endlich Justinian durch die Bestimmung, daß der Grundsatz des S. C. Trebellianum, wonach der, welcher die Erbschaft ganz oder zum Theil erhielt, ganz oder pro rata als Erbe anzusehen sei, in allen Fällen zur Anwendung kommen sollte. Auch die Umwege, welche nöthig erschienen, um den Willen des Erblassers dem strengern Rechte gegenüber zur Vollziehung kommen zu lassen — die Befugniß des Fideikommissars, den Fiduciar zum Erbschaftsantritt zu zwingen, und die Ermächtigung zum Abzug der quarta falcidia bei einem freiwilligen Erbschaftsantritt mit den darauf bezüglichen höchst verwickelten Bestimmungen und Berechnungen — wurden in gewissem Umfange beseitigt. Zuvörderst nämlich wurde der Abzug der quarta falcidia für gewisse Fälle und zu Gunsten testirender Soldaten für unzulässig erklärt. Sodann aber verordnete Justinian in der Novelle 1, daß der Erblasser den Abzug der Quart verbieten könne, und daß dann der Erbe, wenn er der letztwilligen Anordnung keine Folge leiste, der Erbschaft verlustig gehen, und solche ohne Weiteres auf die anderweit berufenen Personen oder Intestaterben übergehen solle. Justinian hatte daher einen besonderen, den für alle Fälle angemessen erscheinenden Ausweg, gefunden, stellte ihn aber nur für diesen Fall fest.

4. Das quiritarische Eigenthum konnte nur von Personen, welche das römische commercium hatten, und nur an Sachen, welche dieses Eigenthums fähig waren, also nicht von Peregrinen und nicht an Provinzialgrundstücken erworben werden. Neben dem quiritarischen Eigenthum mußte daher ein natürliches (bonitarisches) Eigenthum anerkannt werden, für welches die römischen Erwerbungsarten weder erforderlich noch zulässig waren. Diese

Erwerbungsarten kamen in Folge dessen auch unter den Römern und für die res mancipi, mehr und mehr außer Gebrauch, und wurden, nachdem Karakalla allen Bewohnern des römischen Reiches das Bürgerrecht ertheilt hatte, allmählig ganz beseitigt. Dies konnte auch ohne Gefahr geschehen. Denn inzwischen hatte der Prätor mit dem, aus der traditio und den prätorischen Erwerbungsarten entstehenden, bonitarischen Eigenthum, die der rei vindicatio nachgebildete in rem actio, so wie die exceptio und replica rei venditae et traditae gegen den, welchem das nackte quiritarische Eigenthum geblieben war, verbunden, und dasselbe überhaupt in der durch das jus civile gegebenen Richtung aufgefaßt und anerkannt. Auch das bonitarische Eigenthum war hiernach für die Römer nur an körperlichen Sachen denkbar. Dasselbe gewährte aber an diesen Sachen, mit einigen dem alten Rechte propter utilitatem publicam zugefügten Beschränkungen, ein unbedingtes und ausschließliches Verfügungsrecht, sowie eine unbedingte in rem actio, welche in der Kaiserzeit nur bei Erwerbungen von dem Fiskus, dem Regenten oder dessen Gemalin ausgeschlossen wurde. Die Erwerbungsarten, welche für das bonitarische Eigenthum geeignet waren, wurden gleichfalls in der gegebenen Richtung auf dasselbe übertragen oder für dasselbe ausgebildet. Die Macht des Willens blieb der wesentliche Grund für alle originäre Erwerbungsarten, so daß auch bei der specificatio die bona oder mala fides für den Eigenthumserwerb nicht in Betracht kam. Was insbesondere die Verjährung betrifft, so war die usucapio, als rein civilrechtliche Erwerbung, für Peregrinen und auf Provinzialgrundstücke nicht anwendbar. Für diese Personen und Sachen führte demnach der Prätor die praescriptio longi temporis von 10 Jahren inter praesentes und 20 Jahren inter absentes ein. Er ging dabei von der in dem Wesen der Sache begründeten Nothwendigkeit eines derivativen Titels aus, und forderte demzufolge ein justum initium (titulus und bona fides), berücksichtigte aber auch die der usucapio fremde accessio possessionis. Anfangs begründete die praescriptio l. t., wie schon der Name andeutet, nur eine Einrede des Besitzers gegen die Eigenthumsklage. Demnächst wurde aber daraus für den longi temporis possessor der Eigenthumserwerb hergeleitet, und ihm ein Klagerecht gegen jeden anderen Besitzer, insbesondere auch gegen den früheren Eigenthümer eingeräumt. Anderer Seits wurde mit der Zeit auch für die usucapio ein justum initium gefordert. Beide Erwerbungsarten hatten daher nunmehr im wesentlichen dieselben Voraussetzungen und dieselbe Wirkung. Dessenungeachtet bestanden sie geraume Zeit neben einander. Erst Justinian verschmolz dieselben, indem er für bewegliche Sachen eine Frist von 3 Jahren, für unbewegliche Sachen eine Frist von 10 und 20 Jahren allgemein vorschrieb, jede Ersitzung von dem Vorhandensein eines justum initium und einer usukapionsfähigen Sache abhängig machte, und die accessio possessio in allen Fällen in vollem Umfange gestattete. Außerdem führte Justinian eine neue Ersitzungsart ein. Seit Theodosius II. bestand die praescriptio XXX vel XL annorum zum Schutz des Besitzers gegen die Vindikation des Eigenthümers. Justinian gab dieser longissimi temporis possessio die Wirkung eines Eigenthumerwerbs, wenn der Besitzer bei der Besitzergreifung nicht in mala fide gewesen war; so daß der Erwerb ohne justus titulus und auch an Sachen, welche der ordentlichen Ersitzung entzogen waren, stattfand, und nur gegen Personen ausgeschlossen war, denen die praescriptio XXX vel XL annorum überhaupt nicht entgegenstand. Wer mala fide eine Sache erworben und 30 oder 40 Jahre hindurch besessen hatte, war hiernach gegen die Eigenthumsklage geschützt, konnte aber gegen den dritten Besitzer nicht klagend auftreten. Dazu war vielmehr nur der befugt, der, wenn auch ohne justus titulus, bona fide den Besitz ergriffen hatte, was freilich bis zum Beweise des Gegentheils angenommen wurde.

Die mala fides superveniens schadete nach römischer Auffassung keiner Art der Ersitzung, da sie den Willen, mit welchem die Sache ergriffen war, und der darin fortwirkte, nicht berührte.

5. Der Kreis der jura in re wurde nur durch die Anerkennung des dinglichen Rechts der superficies und emphyteusis erweitert. Aus dem Pacht- und Miethverhältnisse entsteht nach römischem Civilrecht nur eine Obligation zwischen dem Lokator und Konduktor, kein Recht an der Sache, und folgeweise kein Recht gegen einen dem obligatorischen Verhältnisse fremden Dritten. Hierin änderte auch das prätorische Recht im Allgemeinen nichts. In zwei Fällen, — bei dem ager vectigalis (der späteren emphyteusis) und der superficies — behandelte der Prätor indessen das Recht des Pächters oder Miethers, um dem hervorgetretenen Bedürfniß zu entsprechen, als ein dingliches, und gab ihm ein Rechtsmittel gegen jeden Verletzer. Ursprünglich wurde das dingliche Recht des Pächters nur bei verpachteten Staatsgrundstücken (dem ager vectigalis) anerkannt, und in Ansehung der superficies wohl auf den Fall beschränkt, wenn ein Gebäude ohne die Grundfläche verkauft, oder Jemanden gestattet wurde, auf fremdem Grund ein Gebäude zu errichten. In der Folge wurde aber das einmal festgestellte Rechtsverhältniß weiter ausgebildet. Das Recht der emphyteusis wurde auch auf Privatgrundstücke, selbst wenn sie nur auf eine bestimmte Zeit in Nutzung ausgethan waren, und das Recht der superficies auch auf den Fall angewendet, wenn ein Gebäude oder ein einzelnes Stockwerk non ad modicum tempus in den Miethgebrauch gegeben war. Das Gesetz verband nun zwar mit der emphyteusis und superficies sehr ausgedehnte, das gewöhnliche Pacht- oder Miethsverhältniß überschreitende Rechte. Diese Rechte konnten indessen, unbeschadet der Dinglichkeit des Verhältnisses, durch Vertrag eingeschränkt werden, so daß schon im römischen Recht die Anerkennung des Pacht- und Miethsverhältnisses als eines

dinglichen Rechts angebahnt war. — Bei der alten fiducia ging die Absicht des Schuldners nicht dahin, dem Gläubiger alle Eigenthumsrechte zu übertragen. Demselben sollte vielmehr auf dem nach altem Rechte allein zulässigen Wege, durch förmliche Uebereignung der Sache, die vollständige Sicherheit gewährt werden. Bei diesem Verfahren war aber der Schuldner, auch wenn ihm der Besitz der Sache precario gelassen war, möglicher Weise sehr gefährdet, da der Gläubiger die Sache mit rechtlicher Wirkung veräußern konnte, und demnächst vielleicht außer Stande war, den Werth zu ersetzen. Ueberdies genügte die fiducia bei der fortschreitenden Ausdehnung des römischen Gebiets und Verkehrs dem Bedürfnisse nicht, da dieselbe für Peregrinen und auf Provinzialgrundstücke nicht anwendbar war. Für viele Fälle gewährte auch das Faustpfand keine Aushülfe, indem z. B. die invecta und illata des Konduktors demselben nicht entzogen werden konnten. Der Prätor mußte daher Hülfe schaffen, und dazu bot der Kern der mit dem precarium verbundenen fiducia den Anknüpfungspunkt. Wenn man nämlich das dadurch begründete Rechtsverhältniß, wie es von den Parteien beabsichtigt worden, ins Auge faßte, so stellte es sich als eine durch die Form der mancipatio oder jure cessio vermittelte obligatio rei in securitatem crediti constituta, d. h. als ein Verhältniß dar, kraft dessen die Sache dem Gläubiger, ohne seiner thatsächlichen Herrschaft ganz oder zum Theil unterworfen zu werden, zum Zweck der Sicherstellung einer anderen Obligation unmittelbar verpflichtet wurde, so daß er die Verabfolgung der Sache eintretenden Falls von Jedem fordern durfte. Das Pfandrecht erschien demgemäß, wenn die zur Begründung des Verhältnisses nach altem Rechte nothwendige Form abgestreift wurde, als eine lediglich durch conventio begründete obligatio rei der vorgedachten Art. Man darf wohl annehmen, daß gerade diese Auffassung, wonach es sich lediglich um eine durch bloße conventio zu begründende obligatio rei in securitatem crediti handelte, zu der eigenthümlichen Umbildung des alten römischen Pfandrechts führte. Denn daraus erklärt sich, daß man nach und nach dahin kam, die Bestellung des Pfandrechts nicht bloß an körperlichen, sondern auch an unkörperlichen Sachen, insbesondere an Forderungsrechten, und selbst an dem ganzen gegenwärtigen und zukünftigen Vermögen für zulässig zu erachten. Daraus erklärt sich ferner, daß man annahm, das Pfandrecht könne durch bloße ausdrückliche oder stillschweigende Uebereinkunft begründet werden, woran sich die weitere Annahme knüpfte, daß das Pfandrecht auch durch letztwillige Verordnung und gesetzliche Vorschrift bestellt werden könne. Daraus erklärt sich nicht minder, daß die Grundsätze, welche für die Entstehung und den Uebergang der Obligationen überhaupt galten, auf das Pfandrecht angewendet wurden, insbesondere daß die Erwerbung durch einen Stellvertreter und eine eigentliche Singular-Succession eben so wie bei anderen Obligationen für unzulässig erachtet ward. In der weiteren Entwickelung wurde dem in einem instrumento publico und quasi publico bestellten Pfandrechte der Vorzug vor dem durch ein solches Instrument nicht bestellten älteren Pfandrechte zugestanden, wenn dadurch nicht bloß, wie es nach den neueren Forschungen allerdings scheint, das Datum der Pfandbestellung festgestellt ward, während bei anderen Pfandbestellungen das Datum anders als durch die Urkunde erwiesen werden mußte. Vornämlich aber wurde einer Reihe ausdrücklicher oder stillschweigender Hypotheken ein besonderes Vorzugsrecht beigelegt. Am Ende wurde mithin die Natur der Forderung als der wesentliche bestimmende Grund ins Auge gefaßt, wie dies bei einem durch bloße Willenserklärung oder auf Grund gewisser Thatsachen entstehenden, ganz unbefestigten und unerkennbaren Pfandrechte nicht wohl anders sein konnte. Durch diese Umbildung des Pfandrechts in eine, selbst in Bezug auf das ganze gegenwärtige und zukünftige Vermögen zulässige, nicht erkennbare, und dennoch gegen jeden Dritten verfolgbare obligatio rei wurde aber die Sicherheit des Verkehrs nothwendig in hohem Grade gefährdet, und dagegen durch das von Justinian in der Novelle 4. cap. 2. eingeführte beneficium excussionis personalis ein geringer Schutz gewährt. Auch die Pfandgläubiger konnten niemals mit Gewißheit auf die erwartete Sicherheit rechnen, theils weil ältere Pfandrechte schon bestehen, theils weil bevorzugte Pfandrechte in der Folge entstehen konnten.

6. Für das Obligationenrecht erfolgte die Entwickelung, nach Abstreifung der strengen Formen und Grundsätze, wesentlich in der dem jus gentium entsprechenden Richtung, so daß das römische Obligationenrecht allmählig ein von jeder besonderen Färbung befreites, mit der scharfen Verstandeskraft der Römer durchgebildetes, allgemeines Vertragsrecht wurde. Einige alte Grundsätze äußerten jedoch bis in die spätesten Zeiten ihren Einfluß. a. Dies gilt insbesondere von dem Grundsatze: obligatio tertio non contrahitur, welcher dem Uebergange der Forderungen aus einer Hand in die andere entgegenstand. Für den wachsenden Verkehr mußte dieser Uebergang vermittelt werden, und dies geschah, nach Beseitigung der eine Stellvertretung unbedingt ausschließenden legis actiones, auf einem Umwege dadurch, daß der ursprüngliche Gläubiger den, welchem er die Forderung übertragen wollte, zum Prokurator (in rem suam) bestellte. Die formula actionis wurde alsdann so koncipirt, daß in der intentio der ursprüngliche Gläubiger genannt, die condemnatio dagegen auf den Prokurator (Cessionar) gerichtet wurde. Dem Bedürfniß war jedoch dadurch nur unvollständig genügt. Denn erst die litis contestatio begründete ein bindendes Rechtsverhältniß zwischen dem Cessionar und Schuldner, bis dahin konnte daher das Mandat durch den Tod des Gläubigers oder aus anderen Gründen erlöschen, oder auch durch Verhandlungen zwischen dem Gläubiger und Schuldner unwirksam gemacht werden. Eine weitere Umbildung

war daher nothwendig. Diese erfolgte denn auch dadurch, daß der bloßen Benachrichtigung (denunciatio) des Schuldners die Kraft der litis contestatio beigelegt, so wie daß dem Cessionar in fort und fort gesteigertem Umfange durch eine actio utilis selbst in solchen Fällen geholfen wurde, in denen nur ein Rechtsgrund vorlag, kraft dessen eine förmliche Cession gefordert werden konnte. Die Römer kamen daher schließlich, unter äußerlicher Festhaltung des alten Grundsatzes, dem Wesen nach zu der entgegengesetzten Annahme, daß der Cessionar die Befugniß erlange, die aus der Obligation entstandene Forderung als sein Eigenthum einzuklagen. Folgerichtig hätten sie nun zwischen der Obligation als Entstehungsgrund der Forderung und Schuld, die allerdings ein nur zwischen bestimmten Personen denkbares Verhältniß ist, und der aus der Obligation hervorgegangenen und durch dieselbe bestimmten Forderung und Schuld, welche selbstständige und von den ursprünglichen Personen trennbare Gegenstände des Verkehrs geworden waren, unterscheiden sollen. In Anerkennung dessen, was für den Verkehr wirklich galt, hätten sie demgemäß bestimmen sollen, daß eine wirkliche Veräußerung der aus der Obligation entstandenen Forderung durch Cession, und ein wirklicher Uebergang der daraus entstandenen Schuld durch Uebernahme eines Dritten erfolgen könne. Diesen letzten Schritt hinderte aber das Festhalten an der ererbten Richtung, weshalb auch auf jeden Inhaber lautende Schuldurkunden den Römern fremd blieben. b. Bis in die spätesten Zeiten wurde der Unterschied zwischen den ein Klagerecht begründenden (Real-, Konsensual-, Verbal- und Literal-) Kontrakten und den eine bloße obligatio naturalis begründenden Pakten festgehalten. Nach und nach wurden indessen nicht nur einzelne pacta zu klagbaren Verträgen erhoben (pacta legitima und praetoria), sondern auch die Förmlichkeiten des Verbal-Kontrakts (der stipulatio), durch welchen jedes pactum klagbar werden konnte, dergestalt abgestreift, daß zwischen diesem und dem pactum nudum kein wesentlicher Unterschied blieb. Um dem Bedürfniß zu entsprechen, wurde nämlich angenommen, daß bei der stipulatio der Gebrauch der lateinischen Sprache nicht nothwendig sei, jeder Theil sich sogar einer anderen Sprache bedienen könne, so wie, zufolge einer Verordnung des Kaisers Leo I., daß jede wörtliche Erklärung unter Anwesenden genüge, auch wenn sie nicht in der Form von Frage und Antwort geschehen sei. War über die Stipulation eine Schrift aufgenommen worden, und darin erklärt, daß die Frage und Antwort statt gefunden habe, so sollte jeder Gegenbeweis ausgeschlossen sein, und, wenn in der Urkunde nur die Zusagen enthalten waren, die Vermuthung für die wirklich stattgefundene Stipulation streiten. Nach einer Verordnung Justinians sollte sogar gegen die Urkunde, wenn darin beide Theile als gegenwärtig aufgeführt worden, der Einwand, daß die Gegenwart nicht stattgefunden habe, unzulässig sein, es könnte denn nachgewiesen werden, daß der eine oder andere Theil sich an dem Tage des Vertragsabschlusses nicht an demselben Orte befunden habe. c. Auch der Unterschied zwischen den bonae fidei und stricti juris Kontrakten, welcher an sich, z. B. für Wechsel gegenüber anderen obligatorischen Verhältnissen, wohl begründet ist, in der ererbten Gegenüberstellung aber seine Bedeutung verloren hatte, wurde bis in die spätesten Zeiten festgehalten. Im Wesentlichen geschah dies indessen wiederum mehr äußerlich, als innerlich. Denn erstens gewährte der Prätor gegen die Ansprüche aus erzwungenen oder durch Betrug erwirkten Kontrakten stricti juris ope exceptionis einen so ausgedehnten Schutz, daß dadurch im wesentlichen dasselbe erzielt wurde, was bei den bonae fidei Kontrakten ipso jure eintrat. Zweitens aber konnte jeder Kontrakt stricti juris durch die doli clausula den bonae fidei Kontrakten sehr genähert werden.

V. Die Aufnahme des römischen Rechts in Deutschland und dessen Umbildung in den usus modernus.

Nach diesen Andeutungen kehren wir zu dem S. 19 aufgestellten Satze zurück: Das von Justinian gesammelte römische Recht, mit den von ihm angehängten Novellen ist ein von dem wahren Grundgedanken des Rechts ausgehendes, durch die besten Kräfte während eines langen Zeitraums ausgebildetes und ausgesponnenes, in mehrfacher Hinsicht jedoch von der ererbten römischen Rechtsrichtung gefärbtes jus gentium. Als solches war es, bei seiner das ganze Rechtsgebiet umfassenden und durchdringenden inneren Vollendung, vorzüglich geeignet, die Grundlage einer neuen Rechtsentwickelung zu werden. Zu dem Ende ist es denn auch in Deutschland aufgenommen worden. Wie die germanischen Völker andere edle Früchte der abgestorbenen Welt — die griechische Philosophie, Wissenschaft und Kunst — als Grundlage neuer Schöpfungen sich angeeignet haben, so haben sie sich auch des römischen Rechtsstoffs als Grundlage einer neuen Rechtsgestaltung bemächtigt. Sie haben das von Justinian aufgespeicherte römische Gut in Besitz genommen, nicht um sich an demselben, mit Verläugnung ihrer Volksthümlichkeit, genügen zu lassen, sondern um es für sich zu verarbeiten, und zu einem ihrer Eigenthümlichkeit entsprechenden Rechtsganzen umzugestalten.

Dieser innere Grund der Aufnahme des römischen Rechts ist freilich der damaligen Zeit verborgen geblieben. Sie wurde vielmehr durch ganz andere äußere Gründe dazu veranlaßt. Der Hauptgrund war die von Bologna sich verbreitende Ueberzeugung, daß das römisch-justinianische Recht ein von der kaiserlichen Gewalt ausgegangenes Gesetzbuch sei, in Verbindung mit der Ansicht, daß das römische Kaiserthum in dem deutschen fortlebe. Hiezu kam als fernerer Grund, daß in Deutschland, an die Stelle der abgestorbenen alten geschriebenen Volksrechte, eine aus dem Rechtsbewußtsein der Deutschen hervorgegangene eigenthümliche Rechtsentwicklung getreten war, welche durchaus ungenügend erschien. Diese Rechtsentwicklung hatte nämlich zwar eine Mannichfaltigkeit durchaus selbstständiger Rechtssatzungen hervorgebracht. Bei der eigenthümlichen Richtung der Deutschen zur Ausbildung von Besonderheiten, und bei dem Mangel einer in Beziehung auf das Recht anerkannten einigenden und ausgleichenden gemeinsamen Macht, hatte diese Rechtsentwickelung aber mehr und mehr zu einer verwirrenden Zersplitterung von Gau zu Gau, und selbst von Ort zu Ort geführt. Sie hatte daher bei Vielen die Sehnsucht nach einem gemeinsamen Rechte geweckt und genährt, so daß die Aufnahme des römischen Rechts als eine Rettung aus der Verwirrung erschien.

Diese äußeren Gründe der Aufnahme des römischen Rechts führten dahin, daß dasselbe, obwohl es in der That eine Eroberung war, scheinbar als Sieger in Deutschland einzog, und für den Augenblick überwältigend auf das bestehende Recht wirkte. Zwei entgegengesetzte Ansichten traten in Folge dieser überwältigenden Einwirkung des römischen Rechts hervor. Die eine von Gelehrten und Staatsmännern ausgehende: das römische Recht sei das ausschließlich wahre, so daß Einzelne sogar verlangten, der Kaiser solle das römische Recht in einen Auszug bringen lassen, diesen Auszug als Gesetz verkündigen, und dann alles Schreiben über das neue kaiserliche Recht verbieten, damit also die ganze Rechtsentwickelung abschließen. Die andere von dem Volke und einigen ächt deutschen Männern, wie Ulrich v. Hutten, ausgehende: die Einführung des römischen Rechts sei ein unerträglicher Uebelstand, indem dadurch dem Volke das einfache auf Billigkeit gegründete, väterliche Recht, und das einfache mündliche Gerichtsverfahren geraubt, und sein Wohl und Wehe gierigen Advokaten und Richtern, welche sich dem lebendigen Rechte und den wirklich bestehenden Verhältnissen entfremdet hätten, Preis gegeben werde. In der That waren die Klagen des Volks, insbesondere des Bauernstandes, nicht unbegründet. Während die Städte sich gegen unangemessene Bestimmungen des römischen Rechts durch besondere Stadtrechte schützen konnten und schützten, wurden solche Bestimmungen, z. B. die römischen Vorschriften über locatio conductio, nicht selten mit Schroffheit auf die einem andern Rechtszustande angehörenden bäuerlichen Verhältnisse angewendet, und mögen dadurch sogar, wie von manchen Seiten behauptet wird, die Bauernaufstände des 15. und 16. Jahrhunderts mit veranlaßt worden sein. Die Uebelstände waren indessen unvermeidliche Folgen der beginnenden neuen Rechtsentwickelung, und traten nur an die Stelle anderer Uebelstände, die aus den in Deutschland bestehenden vielen besonderen Rechtsgestaltungen schon entstanden waren, und in fortschreitender Steigerung entstanden sein würden, wenn das römische Recht und die darauf gegründete neue Rechtsentwickelung nicht dazwischen getreten wäre. Der Widerstand gegen das römische Recht konnte daher eben so wenig zur Geltung kommen, als die gleich unberechtigte Forderung der Feststellung des aufgenommenen römischen Rechts durch ein seinen wesentlichen Inhalt zusammenfassendes Gesetz. Die still und allmählig wirkende Kraft des deutschen Rechtsbewußtseins und Lebens machte sich dagegen desto sicherer gegen das römische Recht geltend.

In Deutschland trafen, wie bemerkt, drei Grundlagen der Rechtsbildung zusammen — das römisch-justinianische Recht, das kanonische Recht, und das deutsche Rechtsbewußtsein, welches sich schon zu gewissen eigenthümlichen Gestaltungen entwickelt hatte. Das römisch-justinianische Recht hatte, so weit es nicht von der ererbten römischen Rechtsrichtung noch gefärbt war, gar keine volksthümliche Färbung, und war sonach im Wesentlichen ein rein menschliches Rechtsganze. Eben so entbehrte das kanonische Recht, so weit es seine Entscheidungen nicht aus dem römischen oder germanischen Recht schöpfte, jeder volksthümlichen Färbung, war vielmehr der rücksichtslose Ausspruch dessen, was nach der damaligen Auffassung das Christenthum von dem Rechte forderte. Das deutsche Rechtsbewußtsein endlich war noch in voller Kraft, aus einem zwiefachen Grunde jedoch wenig geeignet, ein dem Bedürfniß des ganzen deutschen Volks entsprechendes Recht zu erzeugen. Erstens nämlich aus dem Grunde, weil das Rechtsbewußtsein der Deutschen in der vorchristlichen Zeit wurzelte, und daher der Läuterung bedurfte, um das wahrhaft rechte zu schaffen. Zweitens und vornämlich aus dem Grunde, weil der Bildungstrieb der deutschen Stämme, welche zu dem großen deutschen Reiche vereinigt worden, vorzugsweise auf Entwickelung ihrer Besonderheiten, wenig oder gar nicht dagegen auf das Ganze gerichtet war; so daß sie zu dem letzteren erst durch ein gemeinsames Band, welches sie in dem römischen und kanonischen Rechte erhielten, genöthigt werden mußten.

Hiernach war den Deutschen in den drei Rechtsgrundlagen alles gegeben, um, wenn auch erst nach schwerer Arbeit und manchen Abirrungen, zu einem gediegenen Rechte zu gelangen. Das kanonische Recht, welches im Vergleich mit den beiden anderen Grundlagen als ganz unbedeutend für die Rechtsentwickelung erscheinen möchte, ist in dieser Beziehung nicht gering zu achten. Denn erstens nahm es, wie von Andern bereits nachgewiesen ist, manche seinen Zwecken entsprechende germanische Rechtssatzung in sich auf, welche dadurch dem römischen Rechte gegenüber Gesetzeskraft erhielt. Zweitens sprach es wiederholt den Satz aus, daß der gute Glaube bei der Frage, ob jemand ein Recht erworben habe, wesentlich in Betracht komme; insbesondere in dem cap. Dict. X de praesc. (II. 26) worin es heißt: Quoniam omne, quod non est ex fide, peccatum est, synodali judicio definimus, ut nulla valeat absque bona fide praescriptio, tam canonica, quam civilis. Cum generaliter sit omni constitutioni atque consuetudini derogandum, quae absque mortali peccato non potest observari. Unde oportet ut, qui praescribit, in nulla temporis parte rei habeat conscientiam alienae. Drittens legte es, z. B. cap. 4 Dict. X und cap. 11 X (I. 4), auf das natürliche Recht und das „rationabile" großes Gewicht, und erklärte Gesetze, welche gegen die göttliche Wahrheit streiten, gerade zu für verwerflich. Das kanonische Recht enthielt also, neben einzelnen dem römischen Rechte entgegen gesetzten Bestimmungen, nicht undeutlich die Aufforderung, das Wort Gottes, das durch die Vernunft gebotene Recht, und die natürliche Billigkeit dem römischen Rechte gegenüber geltend zu machen.

Werfen wir nun einen Blick auf die Rechtsentwickelung in Deutschland nach Aufnahme des römischen Rechts, so trat dasselbe, wie bemerkt, anfangs mit so überwältigender Macht auf, daß es schien, als ob dem einheimischen Rechte fortan kaum noch Raum gelassen werden solle. Allmählig machten sich indessen das deutsche Rechtsbewußtsein und der Geist des Christenthums gegen das römische Recht und in demselben geltend. Zuvörderst gelangte das römische Recht nur zu der Bedeutung eines ergänzenden (subsidiarischen) Rechts, wodurch anderer Seits der Widerstand gegen seine Aufnahme abgeschwächt wurde; und zwar um so mehr, weil inzwischen die vor und nach der Aufnahme entstandenen einheimischen Rechtssammlungen und Rechtsfeststellungen — der Sachsenspiegel, Schwabenspiegel, die dazu gehörigen Rechtsbücher, die Stadtrechte — zum Theil unter Einwirkung des römischen Rechts, zusammengestellt oder ergänzt worden waren, und sich eingebürgert hatten. Sodann erfolgte allmählig die Umbildung des römischen Rechts in ein eigenthümliches Recht, und zwar durch einen abgesonderten Stand, den Juristenstand.

Wie im Mittelalter alle Thätigkeiten gesondert, und abgeschlossenen genossenschaftlichen Verbindungen, den Zünften, überwiesen wurden, so wurde auch die Anwendung des Rechts und mit ihr die Fortentwickelung desselben ausschließlich dem Juristenstande überlassen. An den abgesonderten Juristenstand, als Träger des Rechtsbewußtseins, ging also nunmehr die Befugniß und Verpflichtung über, das überkommene Recht in rechter volksthümlicher Weise anzuwenden und fortzubilden. Dies aber bewirkten die Juristen, getrieben von einer aus den drei Grundlagen des Rechts hervorgewachsenen gemischten Rechtsrichtung, durch eine fast instinktartige Thätigkeit dergestalt, daß fast alle Theile des römischen Rechts mehr oder weniger eine eigenthümliche Färbung erhielten. Das väterliche Mundium des deutschen Rechts, welches von selbst aufhörte, sobald das Kind sich wehren und nähren konnte, die von der römischen Rechtsrichtung verschiedene Auffassung des ehelichen Verhältnisses in Bezug auf das beiderseitige Vermögen, die davon eben so verschiedene Auffassung des Verhältnisses der Familienglieder zu dem ganzen oder ererbten Vermögen eines Familiengliedes, der nachwirkende Einfluß der deutschen Gewere auf die Lehre vom Besitz und Eigenthum u. s. w. — machten sich fort und fort dem römischen Rechte gegenüber geltend. Demzufolge wirkten die verdrängte deutsche und die aufgenommene römische Rechtsrichtung, in Verbindung mit dem, was das Christenthum zu fordern schien, gleichzeitig und gemeinschaftlich auf die Juristen ein, und erzeugten in denselben, dann aber auch in dem Volke, eine aus allen diesen Grundlagen gemischte Richtung, welche sich allmählig läuterte, und zu einem, wenn auch nicht klar erfaßten, doch zur umbildenden Thätigkeit treibenden, Rechtsbewußtsein steigerte. Dieses Rechtsbewußtsein war auch kein wesentlich getheiltes, so daß es für das römische Recht ein durchaus anderes als für die neben demselben erhaltenen deutschen Rechtsverhältnisse und Rechtssatzungen gewesen wäre. Dasselbe war vielmehr, wenn auch in mancher Hinsicht schwankend und unbestimmt, im Ganzen für alle überkommenen Rechte und Rechtsverhältnisse von wesentlich gleicher Art und Beschaffenheit. Der Juristenstand faßte hienach, getrieben von einem und demselben gemischten Rechtsbewußtsein das römische Recht und die neben demselben bestehenden deutschen Rechtsverhältnisse und Rechtsfatzungen auf, und gab dem ersteren eine mehr deutschrechtliche, dem letzteren eine mehr römische Färbung.

In Folge dessen bildeten die Juristen das überkommene Recht in den s. g. usus modernus um. Von dem rein römischen oder rein germanischen Standpunkte aus muß dieser usus modernus als eine durch Irrthum, Mißverständnisse, unrichtige Analogien herbeigeführte Verzerrung und Verunstaltung beider Rechte erscheinen. In Wahrheit ist es aber die geschichtlich nothwendige Frucht des aus den mehrgedachten Rechtsgrundlagen herausgebildeten und allmählig gewachsenen Rechtsbewußtseins — die Verschmelzung dieser Grundlagen zu einem neuen Rechtsganzen, welches, so weit der damaligen Zeit die Umbildung des überkommenen Rechts überhaupt möglich war, dem volksthümlichen Rechtsbewußtsein wirklich entspricht. Dieses Rechtsganze läßt sich auch nicht dadurch reinigen und vervollkommnen, daß dasselbe in seine Grundlagen aufgelöst, und das, was darin römischen Ursprungs ist, auf das rein römische, das, was darin deutschen Ursprungs ist, auf das rein deutsche Recht zurückgeführt wird. Ein solches Zurückführen des usus modernus auf seine ursprüngliche Grundlagen würde vielmehr eine sehr verkehrte und vergebliche Umkehr sein. Das Erzeugniß des allmählig gewordenen und erstarkten Rechtsbewußtseins würde dadurch in die unwahr gewordenen Rechtsrichtungen, aus denen es erwachsen ist, zerrissen werden, und die Arbeit einer Verschmelzung der überkommenen Rechtsgrundlagen zu einem für uns zuzubereitenden neuen Rechtsganzen von Vorne angefangen werden müssen. Ein solches Zurückführen ist daher auch ganz unmöglich, und sollte am wenigsten von den Romanisten befürwortet werden, die in der Entwickelung des römischen Rechts ein Vorbild der gemeinrechtlichen Entwickelung haben. Denn die deutschen Juristen des 17. und 18. Jahrhunderts haben in der That dasselbe gethan, was die römischen Prätoren thaten, und was bei diesen so sehr bewundert wird. Ihnen war gleichfalls ein dem Bedürfniß ihrer Zeit anzupassender Rechtsstoff überwiesen, und die Aufgabe gestellt, diesen Stoff adjuvandi, supplendi et corrigendi gratia propter utilitatem publicam in der Rechtsanwendung für das Bedürfniß zuzubereiten. Ihnen war ferner, wie den Prätoren, nur die Möglichkeit gewährt, das, was sie von ihrem Rechtsbewußtsein aus als das Recht der Gegenwart erkannten, durch Einarbeitung in einen überlieferten Stoff auf Umwegen und gleichsam versteckt geltend zu machen. Ihre Aufgabe war aber ungleich schwerer zu lösen, als die der römischen Prätoren. Denn eines Theils hatten sie mit einem Rechtsstoffe zu kämpfen, der bei weitem umfangreicher und im Einzelnen durchgebildeter war, als der den Prätoren zur Bearbeitung überlieferte Stoff. Anderen Theils fehlte ihnen die Machtfülle, mit welcher die Prätoren bekleidet waren. Ueberdies war ihr Rechtsbewußtsein nicht so scharf ausgebildet, wie das der römischen Prätoren, sondern, wie schon bemerkt, in mancher Hinsicht schwankend unbestimmt, und mehr treibend, als klar erfaßt.

Der Erfolg ihrer Thätigkeit mußte daher, aller treuen Hingebung ungeachtet, in mehrfacher Beziehung ein mangelhafter und ungenügender bleiben. Der überwiesene gewaltige Stoff setzte ihrer Thätigkeit, die überdies eine mehr instinktartige als den Rechtsbegriff in der Tiefe erfassende war, überall Grenzen, die sie nicht oder doch nicht vollständig zu beseitigen vermochten. So konnte z. B. die gemeinrechtliche Praxis zu einer den Forderungen des Rechtsbewußtseins entsprechenden, auf den Besitz (die Gewere) gegründeten, Feststellung des Begriffs des dinglichen Rechts nicht gelangen, und demzufolge auch den Grundsatz: Kauf bricht Miethe, nicht verdrängen, wiewohl dieser Grundsatz nicht unangefochten blieb, auch in mehreren örtlichen Rechten dem Grundsatze: Kauf bricht nicht Miethe, weichen mußte. Ihre Arbeit blieb hienach ein Anfang der Umbildung, welche das aus den überkommenen Rechtsgrundlagen herausgeborene und allmählig gewachsene Rechtsbewußtsein forderte, und war in Bezug auf die Form und den Inhalt ungenügend. In Bezug auf die Form, weil das Römisch-Justinianische Recht äußerlich die Quelle des anwendbaren Rechts blieb, und das, was wirklich galt, in demselben eingehüllt war. In Bezug auf den Inhalt, weil das, was das Rechtsbewußtsein forderte, in ungenügender Weise zur Geltung gebracht war, das in mancher Hinsicht herrschende Schwanken auch viele Kontroversen hervorgerufen hatte, die indessen für die Praxis der einzelnen Länder durch die Entscheidungen der daselbst bestehenden Gerichtshöfe meistentheils in der einen oder andern Art festgestellt wurden. Ueber diesen Anfang hinauszukommen war dem gemeinrechtlichen Juristen unmöglich, theils weil ihnen die Machtfülle fehlte, um die entgegen stehenden Schranken zu beseitigen, theils weil ein scharfes Eindringen in den ganzen Stoff und ein rücksichtsloses Ueberwältigen desselben nothwendig war, um das, was das Rechtsbewußtsein forderte, zu einer klareren Auffassung und umfassenderen Geltung zu bringen. Mit der Feststellung des s. g. usus modernus war daher die Arbeit der gemeinrechtlichen Juristen, für die Umbildung und Fortbildung des überkommenen Rechtsstoffs, im Großen und Ganzen abgeschlossen. Die Weiterführung der Arbeit mußte einer späteren Zeit und einer anderen Form der einwirkenden Thätigkeit überlassen werden.

VI. Die Fortbildung des gemeinrechtlichen usus modernus in unserm Landrechte und den anderen deutschen Gesetzgebungen.

Die unbedingt nothwendige und ausschließlich zum Ziele führende Form der Thätigkeit war, nachdem die gemeinrechtliche Praxis das ihrige gethan hatte, die Form der Gesetzgebung. Zu dieser Thätigkeit drängten denn auch die erwachte rechtsphilosophische Richtung und das in einigen deutschen Ländern hervortretende gesteigerte Volksbewußtsein.

In den preußischen Landen war schon früh der Versuch, das wirklich geltende und lebensfähige Recht von dem übrigen zu sondern und aufzuzeichnen, gemacht worden, aber nicht zur Ausführung gekommen [1]). In einem Erlaß vom 26. Februar 1738 eröffnete König Friedrich Wilhelm I. den Obergerichten die Absicht, ein besonderes Landrecht für die königlichen Lande einzuführen, und dabei das jus romanum, so weit es „applicabel," zum Grunde legen zu lassen. Die Landes-Justiz-Kollegien sollten inzwischen "die statuta und jura jeder Provinz sammeln, welchemnächst, wenn selbige insgesammt eingesandt, und mit den Ständen und Magisträten darüber kommunicirt worden, dieselben besonders publicirt werden sollten, damit solchergestalt einmal überall ein gewisses Recht etablirt werde" [2]). Friedrich der Große folgte dem Plane seines königlichen Vaters. Gleich diesem hielt er dafür, daß die Herstellung eines gesunden Rechtszustandes nicht durch einzelne Novellen, sondern nur durch eine umfassende Gesetzgebung zu erzielen sei, welche jedoch, gleich dem gemeinen Rechte, nur eine ergänzende (subsidiarische) sein dürfe.

---

[1]) Mylius in der Vorrede zu Th. VI. Abthl. 3 des corp. const. march.; v. Hymmen Beiträge Bd 2 S. 262 ff; Laspeyres in der Zeitschrift von Reyscher 2c. VI. S 1 ff

[2]) Corp. const. march. cont. 1. pag. 134 nro. XI.

Die Geschichte der Entstehung unseres Landrechts liegt außerhalb des Zwecks dieser Erörterung, und kann als bekannt vorausgesetzt werden. Dagegen muß die Ansicht, daß die damalige Zeit zur Gesetzgebung nicht berufen gewesen, um so mehr wiederholt ins Auge gefaßt werden, als diese Ansicht ein geläufiges Stichwort geworden, und dahin erweitert ist, daß jede umfassende Gesetzgebung ein tief zu beklagendes Uebel sei. v. Savigny hat zuerst, in der berühmten Schrift vom Berufe unserer Zeit zur Gesetzgebung, mit klarer Entschiedenheit den wahrhaftigen und weit hin zündenden Gedanken ausgesprochen, das alles Recht nichts Gemachtes, sondern ein Gewordenes sei, eine Seite des geistigen Seins jedes Volks, mit ihm geboren und mit ihm wachsend. Dieser Gedanke ist eine belebende Kraft für die Rechtswissenschaft, Rechtsanwendung und Gesetzgebung geworden, indem er die Völker und Regierungen zum bewußten Erkennen des Wesens des Rechts aufgerufen hat. Die von v. Savigny selbst und in erweitertem Umfange von Anderen darauf gegründete Folgerung, daß die damalige Zeit zur Gesetzgebung nicht berufen gewesen, und jede umfassende Gesetzgebung ein Uebel sei, hat dagegen für das Leben keine Anerkennung gefunden. In mehreren deutschen Staaten ist vielmehr Seitens des Volks und der Regierung nach einer das gemeine Recht verdrängenden, umfassenden Gesetzgebung hingearbeitet worden. Die Folgerung muß daher schon aus diesem Grunde bedenklich erscheinen, und ist in der That nicht begründet.

v. Savigny hat dem Ernst, der Ausdauer, der Gewissenhaftigkeit, mit welcher das Landrecht ausgearbeitet worden, volle Anerkennung gezollt. Er ist indessen der Meinung, daß der Plan, nach welchem gearbeitet wurde, und der Erfolg der Arbeit selbst seine Ansicht von dem mangelnden Beruf der damaligen Zeit zur Gesetzgebung bestätige. Nach dem Plane, wie er in dem königlichen Erlaß vom 14. April 1780 vorgeschrieben, und in der

Vorerinnerung zum Entwurf näher bezeichnet worden, habe nämlich das recipirte Justinianische Recht der Arbeit zum Grunde gelegt, und davon nur aus besonderen Gründen abgewichen werden sollen. Diese Gründe seien darin gesetzt worden, wenn ein Satz des römischen Rechts aus der stoischen Philosophie oder der besonderen Verfassung der Kaiser, oder aus den spitzfindigen Fiktionen und Subtilitäten der alten Juristen entstanden wäre. Danach sei das römische Recht im Verhältniß zum Landrecht in zwei Theile zerfallen, einen anwendbaren als Regel, und einen unanwendbaren als Ausnahme. Den Verfassern des Landrechts sei mithin die Aufgabe geworden, die Ausnahmen gehörig abzusondern, und die Regel gründlich zu verstehen. Diese Aufgabe habe aber nur von einer sehr gründlichen Rechtsgeschichte aus gelöst werden können, und eine solche geschichtliche Kenntniß mit dem dazu erforderlichen Quellenstudium habe der damaligen Zeit gefehlt. Alles regen Eifers ungeachtet habe daher die Arbeit nicht gelingen können, zumal der derselben zum Grunde gelegte Auszug aus dem corpus juris von einem jungen Manne, (Dr. Volkmar) angefertigt worden, der dazu nicht geeignet gewesen sei. Auch die Form des Landrechts erscheine als eine mangelhafte. Ursprünglich sei die Absicht Friedrichs des Großen unläugbar dahin gegangen, daß das Gesetzbuch höchst einfach, populär und zugleich so vollständig sein solle, daß das Geschäft des Richters in einer Art mechanischer Anwendung bestehen könnte. In der Folge habe man zwar dem Richter eine freiere und würdigere Stellung gegeben, das Streben sei aber fortdauernd darauf gerichtet worden, die einzelnen Rechtsfälle als solche vollständig aufzuführen und einzeln zu entscheiden. Dem Landrechte mangele hienach die scharfe individuelle Auffassung der Begriffe, und von den praktischen Regeln lasse sich behaupten, daß die meisten Bestimmungen weder die Höhe allgemeiner leitender

Grundsätze, noch die Anschauung des individuellen erreichen, sondern zwischen beiden Endpunkten in der Mitte schweben [1]).

In diesen Ausstellungen gegen das Landrecht liegt ohne Zweifel viel Wahres und mancher beherzigenswerthe Wink für künftige Gesetzgebungen. Das Verhältniß unseres Landrechts zu dem früheren Rechtszustande, und die darin wirklich enthaltene Fortbildung desselben, ist indessen von v. Savigny nicht genügend gewürdigt worden.

Zuvörderst war das Einschreiten der Gesetzgebung zu einer nicht mehr abzuweisenden Nothwendigkeit geworden. Die ganze Thätigkeit der vergangenen beiden Jahrhunderte war, wie bemerkt, darauf gerichtet gewesen, das aufgenommene römische Recht und das ererbte alt=deutsche Recht, so weit es sich dem ersteren gegenüber erhalten hatte, von dem geläuterten deutschen Rechtsbewußtsein aus, dem Volksleben anzupassen, und zu einem volksthümlichen Rechte umzugestalten. Dies war dem Juristenstande auch bis zu einem gewissen Grade gelungen. Derselbe konnte aber, bei den unüberschreitbaren Schranken, welche der überwiesene Stoff ihm entgegen setzte, so wie aus anderen bereits angegebenen Gründen, über die Festsetzung des für das Bedürfniß ungenügenden usus modernus nicht hinauskommen. Die weitere Um= und Fortbildung des vorhandenen Rechtsstoffs mußte daher zunächst an eine höhere Macht, an die Gesetzgebung, übergehen.

v. Savigny ist anderer Ansicht. Für die Länder, wo noch gemeines Recht gilt, werde ein löblicher Zustand des bürgerlichen Rechts — abgesehen von einem zuverlässigen Personal und einer zweckmäßigen Form des Prozesses — nicht durch das den geschichtlichen Faden, wenn auch nur vorübergehend, zerschneidende Einschreiten der Gesetzgebung, sondern dadurch erzielt werden, daß wir dem uns umgebenden Stoff eine lebendig bildende Kraft

[1]) v. Savigny a. a. O. S. 84 fg.

entgegensetzen, durch historische Ergründung ihn unterwerfen, und so den ganzen Reichthum der vergangenen Geschlechter uns aneignen. Erst wenn wir durch ernstliches Studium vollständigere Kenntniß erworben, vorzüglich aber unseren geschichtlichen und politischen Sinn mehr geschärft hätten, werde ein wahres Urtheil über den überlieferten Stoff möglich sein. Bis dahin erscheine jedes zerstörende Einschreiten bedenklich [1]). Auch für die preußischen Lande geht daher, nach einem aus dem Vorbemerkten zu machenden Rückschluß, v. Savigny's Ansicht dahin, daß nicht durch die Gesetzgebung hätte eingeschritten, sondern durch historische Ergründung des damals vorhandenen Rechtsstoffs die lebendig bildende Kraft hätte gesucht und gewonnen werden sollen.

Die geschichtliche Ergründung des Rechtsstoffs muß ohne Zweifel, wenn sie in dem großartigen Geiste eines v. Savigny erfolgt, und sich nicht in untergeordnete Kleinlichkeiten verliert, überaus hoch geschätzt, und, bei richtiger Benutzung, für das Leben (die Rechtsanwendung und Gesetzgebung) in sofern fruchtbringend erachtet werden, als sie unseren Blick auch für die Gegenwart schärft. Die Verfasser des Landrechts würden daher, wenn sie mit ihren anderen ausgezeichneten Eigenschaften eine gründliche geschichtliche Kenntniß der Quellen des gemeinen Rechts verbunden hätten, vielleicht ein vollkommneres Werk geschaffen haben, vielleicht aber auch zu Abirrungen von dem, was das allmählig erwachsene und geläuterte deutsche Rechtsbewußtsein forderte, verleitet worden sein. Für sich allein führt nämlich die geschichtliche Ergründung unseres Rechtsstoffs, der Natur der Sache nach und erfahrungsmäßig, zu einer dem Gewordenen und Werdenden abgewandten Richtung, zu einer Befangenheit in dem Gewesenen und einem e vinculis desselben sermocinari, zu einem Zurück-Romanisiren oder Zurück-Germanisiren dessen, was das

[1]) v. Savigny a. a. O. S. 111 ff.

geläuterte Rechtsbewußtsein des deutschen Volks bereits geschaffen hat, und ferner zu schaffen bestrebt ist. Denn das geläuterte Rechtsbewußtsein, welches sich in den vergangenen Jahrhunderten — durch den Einfluß der römischen und germanischen Rechtsrichtung, sowie des Christenthums — allmählig herausgebildet hat, und in dem deutschen Volk wirklich lebt, ist, wie wiederholt hervorgehoben werden muß, weder römisch, noch germanisch oder altdeutsch, sondern ein aus den drei Grundlagen unseres Rechts herausgeborenes in sich untrennbar eigenthümliches. Es ist ein Rechtsbewußtsein, welches sich nicht für die eine Lehre in ein römisches, für die andere Lehre in ein alt deutsches zerlegen läßt, sondern für alle Lehren denselben Gehalt und dieselbe Richtung hat. Kraft dieses Rechtsbewußtseins sind wir den engen altdeutschen Rechtssatzungen entwachsen, und von eben demselben Rechtsbewußtsein aus haben unsere Vorfahren den überlieferten Stoff, insbesondere das römische Recht, so weit die Verhältnisse dies zuließen, in ein einheimisches Recht umgebildet. Von diesem Rechtsbewußtsein, nicht von der rein römischen oder rein germanischen Anschauung, aus war und ist denn auch, in wahrhaft geschichtlicher Fortentwickelung des Werdenden aus dem Gewordenen, die Fortbildung des gemeinen Rechts allein möglich. Für eine solche wahrhaft geschichtliche Fortbildung des gemeinen Rechts kann aber die historische Ergründung der Quellen unseres Rechts für sich allein nicht für genügend erachtet werden. Von der Vertiefung in die Quellen unseres Rechts, von der Umkehr in das Gewesene, müßte immer erst wieder nach vorwärts geschritten werden, um das aus den Grundlagen unseres Rechts herausgeborene Rechtsbewußtsein und dessen Forderungen zu erkennen, mithin zu dem zu gelangen, was auf die Verfasser unseres Landrechts, bei ihrer unbefangenen Hingebung, unmittelbar einwirkte.

Die s. g. historische Schule hat uns denn auch, wie die Erfahrung der letzten vierzig Jahre lehrt, bei aller Gediegenheit ihrer Leistungen und in anderer Beziehung fruchtbringenden Thätigkeit, dem verkündeten Ziele nicht näher geführt. Zu einem „heutigen" Rechte hat sie uns nicht verholfen, wohl aber wiederholt das vergangene Recht als heutiges uns zuführen wollen. Die Rechtsanwendung in den Ländern des gemeinen Rechts ist im Wesentlichen bei dem ererbten usus modernus stehen geblieben, und hat sich nach wie vor zu einer weiteren Fortentwickelung des Rechts machtlos erwiesen. Das nach Befriedigung strebende Rechtsbewußtsein hat daher auch in anderen deutschen Staaten aller Warnungen und Hemmungen ungeachtet, zu einer umfassenden Gesetzgebung hingedrängt, und wird voraussichtlich überall dahin drängen.

Friedrich der Große hat hiernach das, was Noth that und ausschließlich zu einem wirklichen Fortschritt führen konnte, richtig erkannt. Ob aber das Landrecht ein dem deutschen Rechtsbewußtsein entsprechendes Werk geworden, ist eine andere Frage.

Was diesen Punkt betrifft, so ist die zu lösende Aufgabe von den Verfassern des Landrechts, bewußt oder unwillkührlich, offenbar in einem viel weiteren Umfange aufgefaßt worden, als nach den Worten des Erlasses vom 14. April 1780 und der Vorerinnerung zum Entwurf anscheinend geschehen sollte. Schon die damals herrschende, aus den gangbaren Begriffen geschöpfte, rechtsphilosophische Richtung entfesselte ihren Geist von der Befangenheit in der römischen Rechtsrichtung. Friedrich der Große hatte auch bereits in einem an den Großkanzler v. Carmer gerichteten Erlaß vom 6. April 1780 geäußert: „daß Ihr dabei das Recht der Natur vor die römischen Rechte vorzieht, darin habt Ihr ganz recht". Sodann verstanden die Verfasser unseres Landrechts unter dem im corpus juris niedergelegten römischen Recht nicht das darin wirklich enthaltene Recht, sondern das römische Recht, wie es in dem usus modernus aufgefaßt war.

Ferner waren sie, durch ihre Erfahrungen in den Gerichtshöfen und in der Verwaltung, mit dem in dem Volke lebenden Rechte und seinen Bedürfnissen in umfassender Weise vertraut geworden. Endlich wurden sie durch die für nothwendig erkannten Vorarbeiten in den Stand gesezt, den gesammten in den preußischen Landen bestehenden Rechtsstoff, und die gesammte Einsicht des Zeitalters in sich aufzunehmen und zu benutzen. Insbesondere wurden sie, da das Landrecht nur ein ergänzendes (subsidiäres) sein sollte, mit Nothwendigkeit auf den Inhalt und Geist der provinziellen und örtlichen Rechte, und damit auf die in denselben enthaltenen Grundzüge des deutschen Rechts hingeführt. Durch alle diese Einwirkungen getrieben und gehoben, kamen sie mehr und mehr zu einer erweiterten Auffassung ihrer Aufgabe; dahin nämlich, statt des im corpus juris niedergelegten noch anwendbaren römischen Rechts, ein auf Landesverfassung und Vernunft gegründetes Recht aus dem bestehenden gemeinen Rechte heraus zu arbeiten. Dabei war ihnen das Vernunft- oder Naturrecht kein bloß erdachtes rein menschliches Recht, kein Herleiten allgemeiner Rechtsgrundsätze aus vermeintlich reinen Vernunftideen. Unter dem Vernunft- oder Naturrecht verstanden sie vielmehr das, was sie in dem vorhandenen Rechte als das vernünftige und natürliche erkannten, bei ihrer Richtung und Unbefangenheit mithin das, was von dem im gemeinen verhüllten geläuterten deutschen Rechtsbewußtsein gefordert wurde. Demgemäß wurde, wie die Vorarbeiten zum Landrechte ergeben, von dem Volkmar-Pachalyschen Auszuge aus den Pandekten kein erheblicher Gebrauch gemacht. Es zeigte sich auch bald, wie weit und durchgreifend die Arbeit werden würde, so daß der Großkanzler sich schon am 31. März 1780 zu der Anzeige veranlaßt fand, „daß fast bei jeder Materie neue Gesetze und Bestimmungen nöthig seien, und diese die allerhöchste Genehmigung erfordern würden". In Uebereinstimmung mit dieser weit greifenden Umgestaltung des Bestehenden wurde denn auch das im Entwurf vollendete Werk, abweichend von dem ursprünglichen Plane, dem „ganzen Publikum" überhaupt, und einzelnen Sachverständigen, namentlich „philosophischen Rechtsgelehrten", so wie den Ständen der Provinzen, zur Prüfung besonders vorgelegt, was zu einer vollständigen Kenntniß dessen, was das Rechtsbewußtsein der Zeit forderte oder zu fordern schien, führen sollte. Nun hing freilich das Gelingen des Werks noch davon ab, daß die Prüfung, Sichtung und Feststellung des gewonnenen Stoffs einem vorzugsweise begabten Manne anvertraut wurde. Einen solchen Mann, der alle seine Mitarbeiter weit überragte, hatte aber auch der Großkanzler gleich bei dem Beginne der Arbeit in dem geistvollen, in hohem Grade juristisch durchgebildeten, und tief erfahrenen Suarez gefunden. Was Friedrich der Große als Bedürfniß seiner Zeit erkannte, was v. Carmer in scharfen Grundzügen andeutete, was die anderen Mitarbeiter sammelten und entwarfen, das wurde von dem festen, geistvollen, seiner Zeit vorausgeeilten, und dennoch im höchsten Grade anspruchslosen Suaraz, mit der treusten und unermüdlichsten Hingebung, in ächt deutschem Sinne, wieder und wieder geprüft, gesichtet, und in einer für die damalige Zeit seltenen Reinheit der Sprache festgestellt. So ist das Landrecht eine edle Frucht des in den früheren Jahrhunderten herausgeborenen und gewachsenen deutschen Rechtsbewußtseins geworden. In demselben ist das, was im gemeinen Rechte nur sehr unvollkommen und verhüllt hatte zur Geltung kommen können, vollendeter und zum Theil über die Auffassung der meisten Zeitgenossen hinaus zum Durchbruch gekommen. Die Grundsätze, welche das deutsche Rechtsbewußtsein in dem gemeinen Rechte nur versteckt oder in vereinzelten Erscheinungen herausfördern konnte, sind in dem Landrechte und durch dasselbe — wenn auch noch nicht in der möglichen Vollendung, doch schon in weitem Umfange — lebendige Kräfte geworden, die uns die Herrschaft über den Stoff mindestens erleichtern [1]).

Bei dem Allen ist das Landrecht nicht ohne Mängel, denen wir unsere Augen nicht verschließen dürfen. Zuvörderst hat das Landrecht der Unvollkommenheit, die jedem menschlichen Werke anhaftet, natürlich nicht entgehen können. Sodann hat das Landrecht, abgesehen davon, daß wir demselben zum Theil schon wieder entwachsen sind, die römische Färbung in manchen Beziehungen noch nicht in dem Umfange abgestreift, in welchem das deutsche Rechtsbewußtsein solches forderte, und dadurch dem Zurück-Romanisiren hier und da einen bedenklichen Spielraum gelassen. Vor allen Dingen aber hat die damals herrschende bevormundende Richtung, gegen welche Suarez hin und wieder vergeblich ankämpfte, sowie die damals aufgekommene irrige Auffassung des Verhältnisses der Rechtswissenschaft und Rechtsanwendung zur Gesetzgebung, einen nachtheiligen Einfluß auf den Inhalt und die Form des Landrechts gehabt.

Was insbesondere die Form betrifft, so muß ein Gesetzbuch, welches allen Volksgliedern zugänglich sein soll, allerdings eine gewisse Ausführlichkeit haben. Für das Landrecht mochte eine ausführliche Darstellung auch deshalb nothwendig erscheinen, weil manche gemeinrechtliche Kontroverse, die sonst würde fortgedauert haben, durch eine ausdrückliche Bestimmung zu beseitigen, sowie weil die neue Schöpfung gegen irrige Anwendungen, die ihr besonders von romanisirenden Juristen drohten, bis dahin sicher zu stellen war, daß ihr durch die Festwurzelung im Leben eine andere Sicherheit gewährt wurde. Hauptsächlich hat aber die bevormundende Richtung der damaligen Zeit und die irrige Auffassung des Verhältnisses der Rechtswissenschaft und Rechtsanwen-

[1]) Abgesehen von den längst bekannten Schriften verweise ich auf das gediegene Werk von Löher: Das System des Preußischen Rechts, Paderborn 1852.

dung zur Gesetzgebung auf die Form unseres Landrechts eingewirkt.

In dem Erlaß vom 14. April 1780 erklärte Friedrich der Große in der zuletzt gedachten Beziehung, wie er nicht gestatten werde, daß irgend ein Richter, Kollegium oder Etats-Minister die Gesetze zu interpretiren, auszudehnen oder einzuschränken sich einfallen lasse, und daß daher, wenn sich in der Folge Zweifel oder Mängel an den Gesetzen finden sollten, der gesetzgebenden Gewalt die Entscheidung überlassen werden müsse. In Uebereinstimmung mit dieser Erklärung ist auch die richterliche Thätigkeit in der Einleitung zum Entwurf des Gesetzbuchs §§ 34—36 auf das äußerste eingeschränkt worden. In der Vorerinnerung zum Entwurf wurde demgemäß unter anderen auch die Frage gestellt: Ob alle Materien, die in ein allgemeines Gesetzbuch gehören, in dem Entwurfe vorkommen und abgehandelt worden, so wie ob die einzelnen Materien durch die darüber gegebenen Vorschriften dergestalt erschöpft seien, daß der Einwohner des Staats, welcher in Verhältnisse komme, die auf eine solche Materie sich beziehen, und der Richter, welcher die darin einschlagenden Streitigkeiten entscheiden solle, in den darüber ertheilten allgemeinen und speciellen Vorschriften jedesmal hinlängliche Bestimmungsgründe für sein Verhalten oder für seine Entscheidung antreffe. In dem Landrechte ist zwar der Richter schon in einem gewissen Umfange freier und würdiger gestellt, das Bestreben, ein auch in den Einzelheiten vollständiges Gesetzbuch zu geben, ist indessen festgehalten worden.

Der damaligen Zeit mochte die bevormundende Richtung des Landrechts, die Beschränkung der richterlichen Stellung, und die alle Einzelheiten möglichst bestimmende Form als ein Vorzug erscheinen, da man damals das Recht als ein Werk der verständigen Willkühr des Gesetzgebers betrachtete, und der bevormundenden Hebung des Volks nicht abgeneigt war. Die rasche Entwickelung des Volkslebens nach 1806 hat indessen allmählig zu einer entgegen gesetzten Ansicht geführt. Manche Rechtsverhältnisse, welche unseren Vätern gänzlich unbekannt waren oder ihnen noch als ganz untergeordnet erscheinen mußten, z. B. die Aktiengesellschaften und der Kommissionshandel, sind seitdem bedeutsam hervorgetreten. Manche Rechtsansichten, welche unseren Vätern fern lagen, haben sich aus dem fortgewachsenen Rechtsbewußtsein herausgebildet. Das Volk selbst hat auch in mehrfacher Beziehung an der Rechtsentwickelung wieder thätigen Antheil genommen, und manchen Rechtsstoff hervorgefördert, den die Rechtsanwendung nicht übersehen durfte. Dieser rasch fortschreitenden Entwickelung des Volkslebens gegenüber mußten die bevormundende Richtung des Landrechts, die gebundene Stellung des Richters, und die alle Einzelnheiten möglichst bestimmende Ausführlichkeit des Landrechts, als Uebelstände erscheinen, welche die ungehemmte Entfaltung dessen, was das fortgeschrittene Rechtsbewußtsein forderte, hinderten oder sogar unmöglich machten. Der allgemeine Beifall, den das Landrecht bei seinem Erscheinen gefunden hatte, wurde in Folge dessen sehr herabgestimmt. Bei vielen einflußreichen Männern stellte sich dadurch um so mehr die Ueberzeugung fest, daß die landrechtliche, so wie jede andere Kodifikation ein Uebel sei, wozu indessen auch der Umstand mitwirkte, daß manche provinzielle und örtliche Besonderheiten, die nur dem römischen Recht gegenüber Bedeutung hatten, nach dem Erscheinen des Landrechts allmählig abstarben.

Jede Kodifikation ist von diesen Männern mit einer Bedeckung von Brettern verglichen worden, die über eine grüne Wiese gelegt werde. Es lasse sich recht bequem darauf gehen, und Manches der Wiese fremdes darauf vornehmen. Die Bedeckung sei aber doch nur ein todtes Werk, welches aus sich nichts lebendiges hervorbringen könne. Erst wenn die Bretter morsch geworden seien, und das grüne Gras durchdringe, emporsprieße, und die Bedeckung überwachse, beginne und erblühe wieder das frische Leben. So sei es dem Landrechte ergangen, so werde und müsse es jeder umfassenden Gesetzgebung ergehen, die mit ihrem todten Buchstaben das lebendige und in steter Fortentwickelung begriffene Recht überdecke. Der Buchstabe des Gesetzes müsse durch das verdeckte Recht erst wieder abgethan werden, und letzteres über das Gesetz empor wachsen, damit das alte frische Leben von Neuem beginne. Jede Kodifikation sei darnach ein Uebel, und ein um so größeres, weil es einer Seits das frische Sein und Wachsen des lebendigen Rechts eine Zeit lang hemme, und anderer Seits dasselbe zu einem störenden und zerstörenden Kampf gegen das Gesetz nöthige.

Das Gleichniß ist durchaus zutreffend für Gesetze, welche, um vermeintlichen Uebelständen entgegen zu wirken, aus einer dem Rechtsbewußtsein des Volks nicht entsprechenden Willkühr hervorgehen, und den lebendig wirkenden Geist dieses Rechtsbewußtseins in Fesseln schlagen wollen. Gegen solche Gesetze muß und wird das Rechtsbewußtsein so lange ankämpfen, bis sie untergraben und wieder abgestoßen sind. Unzutreffend ist das Gleichniß dagegen für Gesetze und Gesetzgebungen, die, dem vorgefundenen und dem Bedürfniß nicht genügenden Rechtsstoffe gegenüber, ein wahrhaftes Erzeugniß des fortgeschrittenen Rechtsbewußtseins sind; und zwar selbst dann, wenn sie dem Bedürfniß nur unvollkommen entsprechen. Alsdann ist die Ueberdeckung des vorgefundenen Rechtsstoffs keine zur Befruchtung untüchtige Bretterlage, sondern eine Ueberschüttung, die eine edlere befruchtende Kraft in sich trägt, und aus der eben deswegen auch edlere Früchte hervorwachsen müssen. Eine solche Ueberschüttung mag immerhin eine Zeit lang scheinbar ertödtend wirken, bis die Volksglieder sich darin zurecht gefunden, und den in ihr lebenden Geist erfaßt haben. Dann aber wird der lebendig gewordene Geist sich als eine neue befruchtende und edlere Früchte erzeugende, Kraft erweisen, die sich in der „viva vox" der Wissenschaft und Rechtsanwendung kund giebt.

Unser Landrecht und jede mit dem geläuterten deutschen Rechtsbewußtsein aus dem gemeinen Rechte hervorgearbeitete Gesetzgebung kann einer solchen Ueberschüttung verglichen werden, durch welche überdies die ererbte fremdartige Bedeckung abgethan, und dem Emporwachsen des lebendigen Rechts Raum gemacht wird. Seinem innersten Wesen nach ist unser Landrecht kein Werk der Willkühr, sondern ein durch den Gang der Geschichte, insbesondere durch die Ueberdeckung unseres Rechts durch das römische Recht, nothwendiges Erzeugniß des allmählig erstarkten und geläuterten deutschen Rechtsbewußtseins. Bei allen Mängeln und Unvollkommenheiten, die ihm von Anfang an angehaftet, und sich in der Folge, dem fortgeschrittenen Rechtsbewußtsein gegenüber, herausgestellt haben, ist es daher, um bei dem Gleichniß stehen zu bleiben, keine zur Befruchtung untüchtige Ueberdeckung, sondern eine den Saamen einer edleren Frucht in sich tragende Ueberschüttung des vorgefundenen Rechts. Um fruchtbringend zu werden, bedurfte und bedarf es aber der kräftigen und belebend wirkenden „viva vox" einer in seinen Geist eindringenden Rechtswissenschaft und Rechtsanwendung.

Dieses nothwendige Verhältniß der Rechtswissenschaft und Rechtsanwendung zur Gesetzgebung ist Friedrich dem Großen und den Verfassern unseres Landrechts nicht durchaus klar geworden. In dem Projekt des corp. juris fideric. von 1749 wurde, um jede mögliche Abirrung von dem neuen Gesetzbuch zu verhüten, ausdrücklich vorgeschrieben, daß Niemand bei schwerer Strafe sich unterstehen solle, einen Kommentar über das Landrecht oder einzelne Theile desselben zu schreiben, oder solches in akademischen Vorlesungen zu interpretiren, indem die Professoren der Jugend bloß das System und die generellen Principien rc. deutlich vorzutragen hätten. Die Verfasser des Landrechts haben diesen engherzigen Standpunkt verlassen. Durch eine Preisaufgabe vom 15. Juni 1788 forderten sie selbst zur Abfassung eines Lehrbuchs auf, welches aus zwei Theilen bestehen sollte; erstens nämlich einem Naturrecht in lateinischer Sprache, welches jedoch seine Begriffe und Grundsätze hauptsächlich aus dem Gesetzbuch entnehmen sollte; zweitens einer Theorie des preußischen positiven Rechts in deutscher Sprache, welche die in dem Naturrecht aufgestellten Begriffe und Grundsätze ausführlicher entwickeln, und die positiven Bestimmungen, welche der Gesetzgeber dem Naturrecht hinzuzufügen nöthig gefunden, gehörigen Orts einschalten solle. Die Verfasser unseres Landrechts hielten es ferner für nöthig, daß auf jeder Universität wenigstens eine Hauptstelle für das preußische Recht bestimmt werde, was erst in viel späterer Zeit und in einem beschränkteren Umfange zur Ausführung gekommen ist. Die Verfasser unseres Landrechts haben demnach die Wissenschaft nicht gering geachtet, die wahre Bedeutung derselben jedoch, wie aus der Preisaufgabe erhellt, bei weitem nicht genügend erkannt. Befangener blieben sie in Bezug auf die Rechtsanwendung, und die dem Richter gebührende Stellung. Auch im Landrechte sind die Beschränkungen des Entwurfs nicht vollständig beseitigt worden. Dies ist jedoch durch spätere Anordnungen geschehen, und seitdem dem Richterstande im vollsten Umfange die Möglichkeit gegeben, belebend auf das anzuwendende Gesetzbuch einzuwirken. In neuerer Zeit ist freilich die richterliche Thätigkeit, durch die vielen Kompetenzbeschränkungen, wiederum in einem Umfange beschränkt worden, der sich, auch nach der Bildung eines besonderen Kompetenz-Gerichtshofes, schwerlich rechtfertigen läßt und hoffentlich nicht dauernd sein wird. Im Großen und Ganzen ist indessen dem Richterstande die Möglichkeit einer belebenden Einwirkung geblieben. Eine andere Frage ist es, ob der Inhalt und besonders die Form des Landrechts der Rechtswissenschaft und Rechtsanwendung genügenden Raum lassen, um sich als lebende Kräfte zu bewähren, und eine „viva vox" des wahren Rechts zu werden. Die Beantwortung dieser Frage muß jedoch dem folgenden Abschnitt vorbehalten bleiben.

VII. Die bisher versuchte ungenügende Fortbildung unserer Gesetzgebung durch eine allgemeine Revision und Novellen.

Die Erschütterungen des preußischen Staats in dem ersten Jahrzehnt dieses Jahrhunderts, und die dadurch herbeigeführten Veränderungen vieler Zustände und Rechtsverhältnisse, so wie die damit innig zusammenhängende rasch fortschreitende Entwickelung des Volkslebens, erregten den Wunsch einer dem Bestehenden sich anschließenden und darauf gegründeten Revision unserer Gesetzgebung. In dem Königlichen Erlaß vom 3. Novbr. 1817 wurde bereits anerkannt, daß das allgemeine Landrecht und die Gerichtsordnung einer Revision bedürften, um beide Gesetzbücher den Veränderungen anzupassen, welche seit ihrer Publikation vorgefallen seien [1]). Die Revision wurde jedoch erst im Jahre 1825 ernstlich in Angriff genommen. Der Zweck derselben ist in dem Königlichen Erlaß vom 24. Juli 1825 dahin angegeben: „daß kein neues Gesetzbuch an die Stelle des gegenwärtigen treten, daß vielmehr die bestehende Gesetzgebung der Revision zum Grunde gelegt und im Wesentlichen aufrecht erhalten, in dieselbe aber nicht bloß das, was seit ihrem Erscheinen neu hinzugekommen oder abgeändert worden, eingeschaltet, sondern auch das, was sich nach den von den Behörden aus mehrjähriger Erfahrung geschöpften Bemerkungen in der Ausführung und Anwendung als unrichtig, mangelhaft, unbestimmt, oder auch für das Bedürfniß der gegenwärtigen Verhältnisse als unzureichend erwiesen habe,

---

[1]) Gesetzs. 1817 S. 290 unter IV.

einer gründlichen Prüfung unterworfen, und nach dem Ergebniß derselben berichtigt, ergänzt, erläutert, und vervollkommt werden solle“. Die Revision sollte hiernach nicht zu einzelnen ergänzenden Anhangs-Paragraphen oder Novellen, sondern zu einer an das Bestehende sich anschließenden und darauf gegründeten, dem Inhalte und der Form nach neuen Gesetzgebung führen, was unter anderen auch v. Savigny in einem am 19. December 1825 erstatteten Gutachten für nöthig erachtete. Sie sollte sich, nach den bei einer anderen Gelegenheit als Regierungs-Grundsatz ausgesprochenen Worten, einer Seits von der so allgemein um sich greifenden Neuerungssucht und unpraktischen Theorien fern halten, anderer Seits aber auch vor einer fast eben so schädlichen, zu weit getriebenen Vorliebe für das Alte bewahren, indem nur dann, wenn man diese beiden Klippen zu vermeiden verstehe, wahrhaft nützliche Verbesserungen gerathen könnten [1]).

Mit der Zeit machte sich aber die Abneigung einflußreicher Männer gegen jede Kodifikation überwiegend geltend, und hemmte das Fortschreiten der schon ziemlich weit gediehenen Revision unserer allgemeinen Gesetzgebung. Dieselbe hat dennoch zwar zu einem reichen Schatze vorzüglicher Erörterungen und Vorarbeiten geführt. Für das Privatrecht ist aber nur ein einziges in sich abgeschlossenes umfassendes Gesetz, die allgemeine deutsche Wechselordnung, aus derselben hervorgegangen. Durch zahlreiche Novellen hat man dagegen das festzustellen gesucht, was das Bedürfniß zu erfordern schien. Dieses endliche Ergebniß der Revision muß in einer Beziehung tief beklagt, in einer anderen und zwar hochwichtigen Beziehung dagegen als ein glückliches Ereigniß betrachtet werden.

Tief beklagen müssen wir das endliche Ergebniß der Revision

---

[1]) v. Kamptz: Aktenmäßige Darstellung der preußischen Gesetzrevision 1842 (Bd. 60 der Jahrbücher S. 1 2c. und besonders abgedruckt); namentlich S. 13, 24, 29, 295.

insofern, als wir durch die Richtung, welche der Revision entgegengetreten ist, zu einer Fortbildung unserer Gesetzgebung durch Novellen verführt worden sind. Das Einschreiten durch Novellen ist in einem beschränkten Umfange, insbesondere zum Zweck der Beseitigung offenbar abgestorbener Satzungen oder der Feststellung in sich abgeschlossener Rechtsverhältnisse, ohne Zweifel ein durchaus geeigneter Weg der Gesetzgebung. Die Gewöhnung an Novellen, als allgemeines Verbesserungsmittel bestehender Gesetzbücher, ist aber in hohem Grade bedenklich und gefährlich. Novellen erfordern in der Regel keinen erheblichen Aufwand an Zeit und Kräften. Man entschließt sich daher bei weitem leichter zu einzelnen Novellen, als zu einer durchgreifenden Prüfung und Umgestaltung des überkommenen Rechtsstoffs oder ganzer Theile desselben. In Staaten oder Zeiten, in welchen ein gesetzgeberischer oder bevormundender Trieb vorherrscht, kommt man auch leicht dahin, durch Novellen für vermeintliche Bedürfnisse und gegen vermeintliche Uebelstände zu sorgen, die entweder gar nicht oder doch nur vorübergehend bestehen, und deren Berücksichtigung oder Beseitigung jedenfalls zweckmäßiger der Rechtsanwendung und dem Rechtsbewußtsein des Volks hätten überlassen werden sollen. Ueberdies werden Novellen, der Natur der Sache nach und erfahrungsmäßig, selten mit der Rück- und Vorsicht abgefaßt, welche sich bei einer umfassenden Gesetzgebung, bei welcher man stets das Rechtsganze vor Augen haben muß, jedem besonnenen Manne von selbst aufdrängen. Demzufolge führen Novellen, wie die Erfahrung lehrt, nicht selten zu neuen verbessernden, und diese wieder zu ergänzenden Novellen, theils weil bei der Rechtsanwendung Mißgriffe und Widersprüche mit der sonst bestehenden Gesetzgebung aufgedeckt werden, theils weil darin der künftigen Rechtsentwickelung in unangemessener Weise vorgegriffen ist, und Uebelstände sich herausstellen, die schlimmer als die vermeintlich beseitigten sind. Bei Novellen, welche Grundzüge einer neuen Rechtsgestaltung aufstellen, die auf anderen Grundzügen beruhenden Einzelnheiten der überkommenen Gesetzgebung dagegen unberührt lassen, kommt zu den gedachten Uebelständen noch der schwer wiegende Uebelstand, daß die Gesetzgebung in disjecta membra zerrissen, und eine kaum zu bewältigende Rechtsverwirrung herbeigeführt wird, welche bei der Rechtsanwendung die Kräfte der besten Männer aufzehrt. Dies gilt für Preußen ganz besonders von den Novellen, welche das Proceß-Verfahren betreffen. Durch diese Novellen ist zwar das, was Friedrich der Große wollte, daß nämlich der Richter die Parteien unmittelbar hören solle, in einer dem fortgeschrittenen Rechtsbewußtsein entsprechenden Weise recht eigentlich erst verwirklicht worden. Die Richtung, in der dies in den Novellen, insbesondere in der Verordnung vom 21. Juli 1846 über das Verfahren in Civil-Processen, den Grundzügen nach festgestellt worden, ist aber von der in der Gerichtsordnung eingeschlagenen Richtung so verschieden, daß das der letzteren entwachsene Rechtsbewußtsein durch das Nebeneinander-Bestehen beider Gesetzgebungen nicht befriedigt wird, und eine höchst bedenkliche Rechtsmengung dadurch herbeigeführt ist. Den Verfassern der Proceß-Novellen ist dieserhalb kein Vorwurf zu machen. Die damals und gegenwärtig noch herrschende Abneigung gegen jede Kodifikation machte eine durchgreifende Umgestaltung des Proceßverfahrens unmöglich. Um den Forderungen des fortgeschrittenen Rechtsbewußtseins und dem laut gewordenen Bedürfniß nach Möglichkeit zu entsprechen, mußten die Verfasser der Novellen sich demnach — zum Theil gewiß in vollem Bewußtsein dessen, was sie thaten und unterließen, — darauf beschränken, die Grundzüge der neuen Richtung festzustellen, und das Weitere einer folgenden unbefangeneren Zeit überlassen.

Wenn wir hienach die Fortbildung unseres Rechts durch abgerissene und zerreißende Novellen zu beklagen haben, so müssen wir der herrschenden Richtung für eine andere, wenn auch von derselben nicht beabsichtigten, Folge dankbar sein; dafür nämlich, daß uns durch die Vollendung der Revision der Weg zu einem gemeinsamen deutschen Rechtsganzen nicht erschwert worden ist.

VIII. Die geschichtlich nothwendige Fortbildung unserer, so wie jeder anderen neuen deutschen Gesetzgebung.

Unser Landrecht ist, wie schon bemerkt worden, dem gemeinen Rechte gegenüber, ein geschichtlich nothwendig gewordenes Erzeugniß des geläuterten und fortgeschrittenen deutschen Rechtsbewußtseins. Dasselbe gilt von den besonderen Gesetzgebungen anderer deutschen Staaten, die dem preußischen Staate bereits gefolgt oder in der Nachfolge nach demselben Ziele begriffen sind, so daß alle diese Gesetzgebungen, ihrer Verschiedenheiten in den einzelnen Lehren und Bestimmungen ungeachtet, gemeinsame leitende Grundzüge haben. Das sichtbare Band, welches die deutschen Staaten und Stämme mittels des gemeinen Rechts verknüpfte, ist aber durch die besonderen Gesetzgebungen der einzelnen Staaten mehr und mehr gelöst worden. Das ist ein, wenn auch geschichtlich nothwendig gewordener, schwerer Verlust, dessen nachtheilige Folgen in mehrfacher Beziehung bereits hervorgetreten sind, und immer mehr hervortreten werden. Unser Bestreben muß demnach dahin gehen, diesen Verlust durch ein höheres gemeinsames Band zu ersetzen, und dieses Streben wird, wenn nicht alle Zeichen trügen, zu einem befriedigenden Ziele kommen. Die Lösung des gemeinsamen Bandes, welches das gemeine Recht gewährte, wird sich als der nothwendige Uebergang zu einem gemeinsamen höheren Bande erweisen.

An die Stelle der dem gemeinschaftlichen Vaterlande abgewendeten Richtung, welche in dem vorigen Jahrhunderte herrschte, ist, nachdem die einzelnen deutschen Staaten zu der erzielten bewußten Selbstständigkeit gelangt sind, allmählig eine entgegengesetzte Richtung getreten. Diese Richtung kann augenblicklich zurückgedrängt oder abgeleitet werden. Sie wird aber, wie alles in der Wahrheit begründete, aller Gegenbestrebungen ungeachtet, wachsen, und mit der Zeit eine unwiderstehliche Kraft gewinnen; eine Kraft, die sich nicht als eine zerstörende, sondern als eine aufbauende geltend machen wird. Die Beseitigung der Zollschranken, die Verbindung aller deutschen Staaten durch Eisenbahnen und der Verkehr auf denselben, die gemeinsamen Unternehmungen der Einwohner verschiedener Staaten, überhaupt die von Jahr zu Jahr sich steigernden gegenseitigen und gemeinschaftlichen Verkehrsverhältnisse, so wie anderer Seits die aus den Rechtstrennungen hervorgehenden Mißstände: — alle diese Thatsachen müssen der nach einem gemeinsamen Rechtsbande strebenden Richtung fort und fort Nahrung zuführen, und wachsende Kraft verleihen. Sie hat auch, wie sie in anderen Beziehungen wirksam gewesen, für das Recht schon eine Frucht gebracht, die gemeinsame Wechselordnung. Dadurch ist nicht nur für einen in den Verkehr tief eingreifenden Theil des Rechts das sichtbare gemeinsame Band wieder gewonnen, sondern auch zu einer weiteren Einigung die Brücke geschlagen worden, welche mit der Zeit nothwendig überschritten werden muß. Denn einerseits ist das Fortbestehen einer gemeinsamen Wechselordnung ohne ein gemeinsames Handelsrecht kaum denkbar. Anderer Seits walten schon zwischen den Bestimmungen der Wechselordnung und der verschiedenen Gesetzgebungen in Bezug auf einzelne Punkte — z. B. die persönliche Fähigkeit Darlehnsverträge zu schließen, und die Intercessionen der Frauen — erhebliche Widersprüche ob. Und diese Widersprüche müssen sich vermehren und noch schärfer hervortreten, wenn zunächst auch nur zu einem gemeinsamen deutschen Handelsrechte fortgeschritten werden sollte. In einem fort und fort sich ausdehnenden Umfange, und jedenfalls für die den

Verkehr wesentlich berührenden Theile des Vertragsrechts, muß daher die Nothwendigkeit einer Einigung sich unwiderstehlich fühlbar und geltend machen.

Dem Streben nach einer Einigung im Rechte wirkt gegenwärtig noch die Richtung entgegen, welche jeder Kodifikation, und damit auch einer gemeinsamen deutschen Rechtsgestaltung abgeneigt ist. Diese Richtung will uns gleichfalls zu dem, was Wahr und Gut ist, zu dem verlorenen Paradiese zurückführen, und von mehreren Trägern derselben geschieht dies ohne Zweifel aus innerster Ueberzeugung. Ihr Ziel ist aber die Umkehr in das Gewesene, der Schutz und die Pflege aller Besonderheiten, die sich im Laufe der Geschichte gebildet haben, und zum großen Theil, wenn gleich sie noch immer ein Scheinleben haben, schon wieder abgestorben oder im Absterben begriffen sind. Ihr Ziel ist demnach ein Rückschritt zu dem, was dem fortgeschrittenen Rechtsbewußtsein nicht entspricht, und von demselben bereits in einem gewissen Umfange überwunden ist, während die wahre Umkehr, die zugleich ein Fortschritt ist, auf Wiedergewinnung des verlorenen gemeinsamen Rechtsbandes durch eine edlere gemeinsame Rechtsgestaltung gerichtet sein muß.

Es ist hier nicht der Ort, dieser Richtung in allen ihren Beziehungen und Bestrebungen nachzugehen. Hier haben wir nur ihre Einwirkung auf die Entwickelung unseres Rechtszustandes ins Auge zu fassen. In dieser Beziehung ist schon bemerkt, daß sie die Vollendung der begonnenen umfassenden Revision unserer Gesetzgebung gehemmt, und dadurch einer Seits zu den vielen rechtswirrenden Novellen geführt, anderer Seits das abgewendet hat, was einer gemeinsamen deutschen Rechtsgestaltung äußerst hinderlich gewesen wäre.

Eine andere Seite ihrer Einwirkung ist der Schutz und die Pflege aller örtlichen und provinziellen Rechtsbesonderheiten, im Gegensatze zu der allgemeinen Gesetzgebung. Den Trägern dieser

Richtung muß zugegeben werden, daß die örtlichen und provinziellen Rechts-Besonderheiten eben so und in einem höheren Grade Erzeugnisse des Rechtsbewußtseins sind, wie der usus modernus des römischen Rechts, gegen dessen überwältigenden Einfluß sie zum Theil gerichtet waren. Von der Richtung selbst wird dagegen nicht verkannt, daß jene Rechts-Besonderheiten, so weit sie bereits abgestorben sind, nicht wieder ins Leben gerufen werden dürfen. In dem Grundgedanken, von welchem bei der Anwendung, Sammlung und Feststellung der provinziellen und örtlichen Rechte auszugehen ist, besteht daher zwischen den Anhängern und Gegnern der Richtung keine Meinungs-Verschiedenheit. Diese tritt dagegen bei der Frage hervor, was nach dem Erscheinen unseres Landrechts, und einer umfassenden allgemeinen Gesetzgebung überhaupt, als abgestorben oder nicht mehr lebensfähig anzusehen ist. Die örtlichen und provinziellen Rechtsbestimmungen lassen sich scheiden: 1) in solche, welche einzelne Theile oder Kontroversen des gemeinen Rechts für die Anwendung in dem betreffenden Landestheile feststellen, mithin lediglich besondere Ausdrücke des usus modernus sind; 2) in solche, welche im Gegensatze zu dem römischen Rechte deutsche Rechtssatzungen oder Rechtsansichten, gefärbt oder ungefärbt, für den betreffenden Landestheil erhalten haben; 3) in solche, welche sich auf besondere Verhältnisse dieses Landestheils beziehen, und für diese Verhältnisse eigenthümliche Feststellungen getroffen haben. Die Bestimmungen der ersten Art haben keine andere Bedeutung als der usus modernus, und müssen daher, gleich diesem, nach dem Erscheinen der denselben ersetzenden neuen Gesetzgebung als abgethan und abgestorben angesehen werden. Dasselbe gilt von den Bestimmungen der zweiten Art, wenn die ihnen zum Grunde liegende deutschrechtliche Anschauung in derselben oder einer höheren Ausbildung von der neuen Gesetzgebung ergriffen worden ist, und bei dessen Abfassung mitgewirkt hat. Die Bestimmungen der dritten

Art müssen dagegen als in alter Kraft fortbestehend angesehen werden, sofern nicht besondere Gründe dafür sprechen, daß sie bereits abgestorben sind, oder in der neuen Gesetzgebung eine, auch für den betreffenden Landestheil, befriedigendere Lösung gefunden haben. Von dieser Anschauung ist, wie aus § VI. des Publikations-Patents vom 5. Februar 1794 und einer Verordnung vom 22. August 1798 erhellt, im Wesentlichen auch unsere Gesetzgebung bei den Vorschriften über die Abfassung der Provinzial-Gesetzbücher ausgegangen [1]). Damit ist aber die in Rede stehende und gegenwärtig herrschende Richtung nicht einverstanden. Sie spricht nicht bloß dem Richter die Befugniß ab, irgend eine örtliche oder provinzielle Bestimmung, deren Absterben nicht äußerlich klar hervorgetreten ist, für abgethan zu achten, worin sie nach den Vorschriften der §§ IV bis VI des Publikations-Patents vom 5. Februar 1798, welche die ganze Frage von der bald erwarteten Abfassung der Provinzialgesetzbücher abhängig gemacht haben, allerdings recht hat. Sie will überhaupt, daß dem Landrechte und jeder neuen Gesetzgebung gegenüber, keine örtliche oder provinzielle Rechtsbesonderheit für abgethan erachtet werde, es sei denn ihr Absterben äußerlich klar hervorgetreten. Sie stützt sich dabei auf den scheinbaren Grund, daß jedem Landes- und Volkstheile ein Unrecht angethan werde, wenn ihm das, was er aus seinem Rechtsbewußtsein heraus für sich besonders hervorgebracht, und in äußerlich lebendiger Wirksamkeit erhalten habe, nicht als sein Recht gelassen werde; gerade so, wie jeder Eingriff in vertragsmäßig wohlerworbene Rechte ein Unrecht sei. Allein erstens sind die örtlichen und provinziellen Rechtsbesonderheiten den vertragsmäßig wohlerworbenen Rechten keinesweges gleich zu achten, da die vergangenen Geschlechter gar nicht befugt waren und beabsichtigt haben, durch ihre Rechtsansichten

[1]) Ediktensamml. de 1798 (Bd. 10.) p. 1689 ff.

und darauf gegründeten Rechtsbestimmungen die Gegenwart zu binden, sondern eben nur für sich sorgen wollten. Zweitens ist das gegenwärtige Geschlecht den überkommenen Rechtsbesonderheiten keineswegs so zugethan, als angeblich der Fall sein soll. Viele dieser Rechtsbesonderheiten haben vielmehr, — da sie einer längst überwundenen Zeit angehören, durch die allgemeine Gesetzgebung werthlos geworden sind, in dem Rechtsbewußtsein des Volks ihre Wurzel verloren haben, und zum Theil auch auf den Verkehr mit den Nachbarn störend einwirken — nur noch ein erzwungenes Leben, und würden, wenn die Stimme des Volks durchdringen könnte, gern aufgegeben werden. Jede Kodifikation des Provinzialrechts führt daher auch, wenn gleich der bezeichneten Richtung dabei möglichst nachgegeben wird, nothwendig zur Beseitigung vieler örtlicher und provinzieller Besonderheiten [1]), und jede neue dem fortgeschrittenen Rechtsbewußtsein entsprechende umfassende Gesetzgebung macht diese Besonderheiten unhaltbarer. Demzufolge zieht die bezeichnete Richtung möglichst umfassende Sammlungen der Rechtsbesonderheiten, durch welche alles, was jemals bestanden hat und äußerlich fortbesteht, als noch im Volksbewußtsein lebend sich darstellt, der Kodifikation des Provinzialrechts vor, und ist jeder neuen umfassenden Gesetzgebung, welche einen großen Theil jener Besonderheiten nothwendig zum Absterben bringt, durchaus abgeneigt. Alles Widerstrebens ungeachtet werden wir indessen, nachdem durch das gemeinsame Wechselrecht die Brücke gewonnen worden, zu einer weitern Einigung im Recht mit unseren deutschen Brüdern gelangen. Dem Vernehmen nach

[1]) Dies erhellt aus der Kodifikation des Provinzialrechts für Westpreußen vom 19. April 1844 (Gesetzs. 1844 S 103 ff). Unter anderen ist darin bestimmt, daß alle Ortsstatuten und Gewohnheiten, auf welche in den allgemeinen Landesgesetzen oder in dem kodificirten Provinzialrecht nicht ausdrücklich verwiesen ist, ihre Kraft verlieren sollen, wenn sie nicht bis zum 1. Juli 1847 von den Ortsgemeinden zur landesherrlichen Bestätigung vorgelegt werden. So viel bekannt, ist dies von keiner Ortsgemeinde geschehen.

ist auch die Abfassung eines gemeinsamen deutschen Handelsrechts im Werke. Es ist dringend zu wünschen, daß man dabei nicht stehen bleibt, sondern gleichzeitig die den Verkehr wesentlich berührenden Theile des Vertragsrechts mit ins Auge faßt. Entgegengesetzten Falls werden die Verschiedenheiten, welche in diesen Theilen des Vertragsrechts bestehen, der Einigung und einer ungehemmten Wechselseitigkeit des Verkehrs immer noch äußerst hinderlich sein. Denn diese Theile des Vertragsrechts greifen in mehrfacher Hinsicht in das Handelsrecht ein, und eine Scheidung zwischen dem Handels- und jedem anderen Verkehr, so daß für den ersteren neue gemeinsame Bestimmungen, für den letzteren die besonderen Bestimmungen jedes Staats anzuwenden wären, ist bei der gegenwärtigen Entwickelung des Verkehrs ganz unmöglich.

Die Frage, ob wir zu einer gemeinsamen deutschen Gesetzgebung reif und berufen sind, könnte schon durch die Bemerkung beseitigt werden, daß eine Zeit, in welcher das fortgeschrittene Rechtsbewußtsein und das Bedürfniß zu einer That drängen, auch Mittel und Wege finden wird, diese That zu vollbringen. Für die Theile des Rechts, in Bezug auf welche eine Einigung für jetzt dringend nothwendig erscheint, — für das Strafrecht und die den allgemeinen Verkehr wesentlich berührenden Theile des Vertragsrechts, einschließlich des Handelsrechts — haben wir uns aber auch durch die aus den neuern Gesetzgebungen, der Rechtsanwendung und Rechtswissenschaft geschöpften Erfahrungen auf das, was hinsichtlich des Inhalts und der Form noth thut, dergestalt vorbereitet, daß wir mit zuversichtlicher Hoffnung eines, wenn auch nicht vollkommnen, doch im Wesentlichen günstigen Erfolgs an das Werk gehen können. Jeder Staat wird dabei manches aufgeben oder zur Ausgleichung bringen müssen. Er wird aber dafür ein, dem deutschen Rechtsbewußtsein mehr als seine bisherige Gesetzgebung entsprechendes, und daher edleres gemeinsames Rechtsband gewinnen, und dadurch zugleich in sich selbst fester werden. Auch der Zusammenhang des Werdenden mit dem Gewordenen wird dadurch nicht zerrissen werden. Die fortschreitende Entwickelung des geläuterten deutschen Rechtsbewußtseins ist es vielmehr, die, wie sie zu besonderen Gesetzgebungen geführt hat, nun wieder zu einer gemeinsamen höheren Rechtsgestaltung zurückführt, und der schwächenden Zersplitterung in zahllose Besonderheiten ein Ziel setzt. Dies gilt insbesondere auch für Preußen. Es ist erklärlich, daß die Rheinländer keine Neigung gezeigt haben, den code, der gleichfalls eine germanische Grundlage hat, mit der, in mancher Beziehung für die Gegenwart nicht mehr passenden und in der Umbildung begriffenen, preußischen Gesetzgebung zu vertauschen. Sie werden dagegen, wie dies schon in Bezug auf das Wechselrecht geschehen ist, den code gern aufgeben, wenn und so weit ihnen dafür eine aus dem geläuterten Rechtsbewußtsein herausgeborene gemeinsame deutsche Rechtsgestaltung geboten wird, und das wird für Preußen kein geringer Gewinn sein.

Das rechte Maaß einer solchen Rechtsgestaltung, in Bezug auf Inhalt und Form hängt wesentlich von der richtigen Würdigung des Verhältnisses der Rechtsanwendung und Rechtswissenschaft zur Gesetzgebung ab. Wir haben daher diesen S. 59 vorbehaltenen Punkt hier näher ins Auge zu fassen.

Die Rechtsentwickelung steht nicht still, wird nicht in einem bestimmten Zeitpunkte abgeschlossen, und läßt sich daher zu keiner Zeit für die Zukunft unwandelbar feststellen. Eine Gesetzgebung kann hienach nur für völlig befriedigend erachtet werden, wenn sie einer Seits das, was in Folge der Ueberschüttung unseres Rechtslebens durch das römische Recht nicht hat zur Geltung kommen können, zum Durchbruch bringt, und anderer Seits der ferneren Rechtsentwickelung vollen Raum läßt. Bei der Unvollkommenheit jedes menschlichen Werks wird dies niemals vollständig gelingen. Jede Gesetzgebung kann indessen dem Ziele dadurch sehr genähert werden, daß erstens Inhalt und Form, durch ihre richtige Abmessung und Vermeidung einer nur die augenblicklichen Verhältnisse berücksichtigenden Kasuistik, der künftigen ungehemmten Rechtsentwickelung vollen Raum lassen, und zweitens der Rechtsanwendung in Verbindung mit der Rechtswissenschaft die Möglichkeit einer gewissermaaßen prätorischen Einwirkung gewährt wird. Auf beide Punkte wird daher bei einer gemeinsamen deutschen Rechtsgestaltung das Augenmerk zu richten sein.

Blicken wir zuvörderst auf die landrechtliche Gesetzgebung, so ist dieselbe gerade in diesen Beziehungen mangelhaft geblieben: hauptsächlich aus dem Grunde, weil man damals das Wesen der Rechtsentwickelung und das damit innig zusammenhängende Verhältniß der Rechtsanwendung und Rechtswissenschaft zur Gesetzgebung nicht erkannte. Die landrechtliche Gesetzgebung hat sich demzufolge viel zu sehr einer die augenblicklichen Verhältnisse und scheinbaren Bedürfnisse berücksichtigenden Kasuistik zugewendet. Die Geltendmachung des, in Folge der fortschreitenden Rechtsentwickelung klarer hervortretenden oder fortgebildeten Rechts wird dadurch erschwert, im Ganzen aber keinesweges unmöglich gemacht, wenn der Richterstand und insbesondere der höchste Gerichtshof den ihm anvertrauten Beruf, in seiner wahren Bedeutung, mit voller Kraft und voller Einsicht erfüllen. Die Richter sind nicht mehr, wie ursprünglich im Plane lag, zu einer überwiegend mechanischen Anwendung des Gesetzes verpflichtet. Sie sind vielmehr innerhalb der Schranken des Gesetzes zu einer freien Thätigkeit und belebenden Einwirkung berufen. Sie verkennen daher, wie es in einem königlichen Erlaß vom 13. Juni 1842 heißt, ihre wahre Bestimmung, wenn sie an dem Buchstaben des Gesetzes festhalten, und die in der Natur der Sache selbst liegenden Verhältnisse unberücksichtigt lassen[1]). Ganz besonders gilt dies von dem höchsten preußischen Gerichtshofe.

Das Obertribunal ist, seitdem ihm, mit Ausnahme der Bagatellsachen, die Entscheidung in processualischen Angelegenheiten in letzter Instanz ausschließlich überwiesen worden, recht eigentlich berufen, eine quasi prätorische Thätigkeit zu üben, mithin erstens adjuvandi, supplendi und auch corrigendi juris civilis gratia einzuwirken, und zweitens vermöge des Einflusses seiner Autorität die Rechtsrichtung der übrigen Gerichte, ohne Beeinträchtigung ihrer Selbstständigkeit, zu bestimmen, in Folge dessen aber die Einheit in den Rechtsgrundsätzen herbeizuführen und zu erhalten. Ersteres folgt aus dem wahren Beruf und der Stellung des höchsten Gerichtshofes. Letzteres ist in dem königlichen Erlaß vom 1. August 1836 anerkannt[2]). Auch das Obertribunal darf freilich das Gesetz nicht brechen, und in sofern hat seine Einwirkung Schranken. Für die meisten Fälle kann indessen ein geschärfter juristischer Blick und ein durch lange Uebung gebildetes lebendiges Rechtsbewußtsein, in Verbindung mit dem collegialischen Zusammenwirken, auch da, wo das Landrecht ungenügend ist oder einer schon vergangenen Zeit angehört, zum rechten Rechte dringen. Das Obertribunal ist mithin für die meisten Verhältnisse im Stande, durch scharfes Zusammenfassen und Vergleichen der allgemeinen und besonderen Rechtsbestimmungen, ohne Bruch des Gesetzes, das rechte Recht zum sichtbaren Rechte werden zu lassen, für andere Verhältnisse wenigstens die Härten einer buchstäblichen Anwendung zu beseitigen, wie dies z. B. hinsichtlich der Bestimmungen über die schriftliche Form der Verträge geschehen ist[3]). Das Obertribunal ist zu einer Einwirkung auf die Rechtsanwendung und zu einer fort-

[1]) Justiz-Min.-Blatt 1842 S. 214.
[2]) Gesetzs. 1836 S. 218.
[3]) Meine Erörterungen im Gebiete des Preuß. Rechts Heft 1. S. 144 ff.

bildenden Thätigkeit in der Regel auch bei weitem geeigneter, als eine durch Novellen nachhelfende Gesetzgebung. Denn Novellen sind, wie bereits bemerkt worden, ein sehr bedenkliches und gefährliches Mittel der Fortbildung des Rechts, weil sie selten mit der Rück- und Vorsicht abgefaßt werden, welche sich bei einer umfassenden Gesetzgebung und einer umfassenden Rechtsanwendung von selbst aufdrängen (S. 61 ff.). Das Obertribunal kann dagegen aus einer Reihe von Fällen den Rechtsgrundsatz schöpfen, den es schließlich als solchen feststellt, nachdem durch wiederholte Prüfung das, was bei dem ersten Falle angenommen worden, seine Bestätigung oder eine schärfere und dem wahren Rechte mehr entsprechende Fassung erhalten hat. Das Obertribunal kann ferner bei Rechtsverhältnissen, welche in der Bildung begriffen sind, der Entwickelung nachgehen, und, wenn auch langsam, mit Sicherheit allmählig zu dem gelangen, was das wahre Wesen des Rechtsverhältnisses fordert. Dies war in dem Erlaß vom 1. August 1836 noch nicht genügend gewürdigt. In demselben ist bestimmt: 1. Jeder Senat soll besondere Spruchrepertorien anlegen, und darin, auf den schriftlichen Antrag des Referenten oder auf den Beschluß des Senats, die in jeder Sache ergangenen Entscheidungen über Rechtsfragen eintragen, die unter den Parteien streitig oder außerdem bei Bearbeitung der Sache Gegenstand einer nähern Erörterung gewesen sind. 2. Wenn ein Senat durch Stimmenmehrheit einen Beschluß faßt, welcher von dem von einem anderen Senate aufgestellten Rechtsgrundsatze oder von der von einem anderen Senate bis dahin befolgten Auslegung und Anwendung abweicht, so hat der betreffende Senat die zweifelhaft gewordene Rechtsfrage an das Plenum zur Entscheidung zu bringen. 3. Dasselbe muß stattfinden, wenn ein Senat von einem Rechtsgrundsatze oder einer Rechtsanwendung, die er selbst bisher befolgt hat, abgehen will. 4. Die Plenarentscheidung ist nur für die vorliegende Rechtssache bindend.

5. Wenn aber dieselbe Rechtsfrage in der Folge wiederum zweifelhaft wird, und das Plenum von dem früher gefaßten Beschlusse abweicht, so hat das Obertribunal, nach vorgängiger Entscheidung der vorliegenden Rechtssache, auf eine deklaratorische Bestimmung anzutragen. — Die Vorschriften zu 3 und 5 haben sich als dem Wesen der Sache nicht entsprechend erwiesen. Durch die Vorschrift zu 3 wurde jedem Senate die Befugniß und Möglichkeit entzogen, sich selbst zu berichtigen, und der Entwickelung eines in der Bildung begriffenen Rechtsverhältnisses in seinen Entscheidungen nachzugehen. Das Plenum wurde dagegen durch diese Vorschrift genöthigt, einer Seits Mißgriffe, die der betreffende Senat selbst als solche anerkannte, zu beseitigen, anderer Seits Rechtsgrundsätze für Verhältnisse festzustellen, deren endliche Ausbildung sich noch gar nicht übersehen ließ. Durch die Vorschrift zu 5 wurde auch dem Plenum die Befugniß und Möglichkeit entzogen, sich selbst zu berichtigen oder dem fortgeschrittenen Rechtsbewußtsein, welches erst nach einem Plenarbeschlusse sich herausstellte, gerecht zu werden. Die Gesetzgebung aber konnte dadurch auch in Fällen, die weit besser und sicherer der Rechtsanwendung überlassen bleiben, zu Novellen genöthigt werden, wovon denn wieder die Folge gewesen, daß nicht ganz angemessene Plenarbeschlüsse durch die Senate, wenn auch nicht aufgehoben, doch hin und wieder näher bestimmt wurden. Diese Mißstände sind gegenwärtig erkannt, und auf Veranlassung des Obertribunals beseitigt worden, indem das Gesetz vom 7. Mai 1856 die gedachten Vorschriften (zu 3 und 5) aufgehoben hat[1]). Die quasi prätorische Stellung des Obertribunals ist dadurch noch mehr als in dem Erlaß vom 1. August geschehen war, anerkannt worden. Im allgemeinen läßt sich nun auch behaupten, daß das Obertribunal seinem quasi prätorischen Beruf nachgekommen ist.

---

[1]) Gesetzs. 1856 S. 293.

Ob es diesen Beruf vollständig erkannt und erfüllt hat, ist eine andere Frage.

Seit dem Erlaß vom 1. August 1836 sind, abgesehen von den das Strafrecht betreffenden Rechtsfeststellungen, mehr als 2600 Präjudizien in Formeln gebracht und öffentlich bekannt gemacht worden. Diese unerfreulich große Zahl der Präjudizien möchte wesentlich dem Umstande zuzuschreiben sein, daß das Obertribunal selbst sich seine quasi prätorische Stellung und die hohe Bedeutung der Präjudizien nicht sofort in vollem Umfange klar gemacht hat. In Formeln gebrachte und öffentlich bekannt gemachte Präjudizien müssen als Feststellungen dessen angesehen werden, was das Obertribunal, nach reiflicher Erwägung, für unzweifelhaft richtig und auf alle darunter zu bringende künftige Fälle unbedingt passend erachtet, und was eben deßwegen nach dem Erlaß vom 1. August 1836, vermöge des Einflusses des höchsten Gerichtshofes, auf die Rechtsanwendung der anderen Gerichte überzeugend einwirken soll. Wegen dieser hohen Bedeutung der Präjudizien sollte deren Feststellung und öffentliche Bekanntmachung, die auch in dem Erlaß vom 1. August 1836 nicht angeordnet ist, immer erst nach der sorgfältigsten Prüfung, insbesondere auch in Bezug auf die möglicher Weise darunter zu bringenden Fälle, und niemals für Verhältnisse erfolgen, welche noch in der Bildung begriffen sind. Hiegegen läßt sich nicht einwenden, daß die Erkenntnisse, in denen die durch Präjudizien festgestellten Rechtsgrundsätze enthalten sind, doch auf dem einen oder anderen Wege zur Oeffentlichkeit gelangen, und demzufolge die Bekanntmachung nicht nachtheilig werden kann, sondern im Gegentheil nothwendig oder nützlich erscheint, um einer irrigen Auffassung jener Rechtsgrundsätze vorzubeugen. Denn einer Seits haben formulirte Präjudizien, wegen der bei ihnen vorauszusetzenden besonders gründlichen und über den gerade vorliegenden Fall hinausgehenden Prüfung, so wie wegen ihres in dem Erlaß vom

1. August 1836 angedeuteten Zwecks, für die anderen Gerichte unzweifelhaft eine bei weitem höhere Bedeutung, als die in den einzelnen Entscheidungen enthaltenen Rechtsausführungen. Anderer Seits sind solche Rechtsausführungen immer in Verbindung mit dem vorliegenden besonderen Falle aufzufassen, und gestatten daher leichter, als formulirte Präjudizien, die Erweiterungen, Beschränkungen oder näheren Bestimmungen, welche für andere Fälle nothwendig erscheinen, und, wie vorausgesetzt werden darf, von dem Obertribunal selbst für diese Fälle werden anerkannt werden. Eben so wenig läßt sich gegen die Beschränkung der Feststellung und öffentlichen Bekanntmachung formulirter Präjudizien einwenden, daß nur dadurch jedem Senate die vollständige Uebersicht der Rechtsgrundsätze gewährt wird, die von ihm selbst oder einem andern Senate angenommen worden. Denn zu diesem Behuf bedarf es keinenfalls einer öffentlichen Bekanntmachung, deren zu große Ausdehnung gerade bedenklich erscheint. Der gedachte Zweck wird aber auch durch die Aufstellung formulirter Präjudizien nicht vollständig erreicht, da jede Rechtsfrage, in Bezug auf welche zwei Senate des Obertribunals verschiedener Meinung sind, an das Plenum gebracht werden muß, ohne Unterschied, ob diese Rechtsfrage in einem Präjudiz festgestellt oder nur in einer Entscheidung vorgekommen ist.

Wenn hiernach die Beschränkung der Feststellung und öffentlichen Bekanntmachung formulirter Präjudizien dringend nothwendig erscheint, so möchte anderer Seits vielleicht eine noch schärfere Auffassung und Geltendmachung der quasi prätorischen Stellung des Obertribunals zu wünschen sein. Die Rechtsentwickelung steht, wie bemerkt, nicht still und läßt sich nicht fesseln. Das werdende Recht verlangt dem gewordenen gegenüber Raum und Anerkennung, die Forderungen des in fortschreitender Läuterung und Entwickelung begriffenen Rechtsbewußtseins wollen verwirklicht sein. Novellen sind ein bedenkliches, und nur im äußersten Nothfalle geeignetes Mittel, um diesen Forderungen zu genügen. Die Anerkennung und Feststellung dessen, was innerhalb der Schranken des Gesetzes das wirkliche Recht der Gegenwart ist, muß daher der Rechtsanwendung in Verbindung mit der Rechtswissenschaft, und insbesondere dem höchsten Gerichtshofe, vor dessen Forum alle streitige Rechtsfragen schließlich kommen, überlassen und überwiesen werden. Dies ist auch bei uns durch den Erlaß vom 1. August 1836 und das Gesetz vom 7. Mai 1856 geschehen. Die nothwendige Folge dieser in dem Wesen der Rechtsentwickelung begründeten Anordnung aber ist, daß einer Seits die Gesetzgebung fortan nur in dem äußersten Nothfalle durch Novellen einschreiten, anderer Seits jedes Mitglied des Obertribunals den demselben gewordenen quasi prätorischen Beruf in vollem Umfange sich klar machen, und in dem Geiste desselben wirken sollte. Für diesen Beruf des Obertribunals gilt recht eigentlich der in dem Erlaß vom 13. Juni 1842 für die Rechtsanwendung ausgesprochene Grundsatz: Der Buchstabe tödtet, nur der Geist macht lebendig. Von dem in ihm lebenden Rechtsbewußtsein aus muß daher das Obertribunal die Rechtsverhältnisse auffassen, und mit einem durch dieses Rechtsbewußtsein geschärften Blick, unbeirrt durch den scheinbar entgegen stehenden Buchstaben, zu dem rechten Rechte zu dringen suchen, wozu die allgemeinen und besonderen Bestimmungen unserer Gesetzgebung, bei gehöriger Zusammenstellung und Vergleichung, in der Regel die Mittel gewähren werden. Dann wird das Obertribunal noch mehr, als bisher geschehen, seinen quasi prätorischen Beruf erfüllen.

Die Einwirkung des Obertribunals ist bis jetzt auf processualische Angelegenheiten beschränkt worden. In nicht processualischen Angelegenheiten, in welchen früher die Berufung an das Justizministerium statt fand, bilden gegenwärtig die Appellationsgerichte die letzte Instanz [1]). Diese Angelegenheiten sind jedoch

[1]) Verordn. vom 2. Januar 1849 § 35.

nicht selten von großer Wichtigkeit, und können, z. B. in Vormundschaftssachen, oft gar nicht zu einer Entscheidung im Rechtswege gelangen, und demzufolge niemals zu einer übereinstimmenden Behandlung durch Einwirkung des Obertribunals gebracht werden. Ueberdies ist, durch die Scheidung der processualischen und nicht processualischen Angelegenheiten, die in der Praxis nicht ganz ausgebliebene Möglichkeit gesetzt, daß zwischen den in Entscheidungen des Obertribunals ausgesprochenen Rechtsgrundsätzen und den Verfügungen der Appellationsgerichte in nicht processualischen Angelegenheiten ein fortdauernder Widerspruch bleibt, und daß die Parteien, sofern der Rechtsweg überhaupt zulässig ist, wieder und wieder genöthigt werden, das ihnen durch die Verfügung zugefügte Unrecht auf dem Umwege eines Prozesses zu beseitigen. Aus denselben Gründen, aus welchen die Entscheidungen in processualischen Angelegenheiten, mit Ausnahme der Bagatellsachen, dem Obertribunal in letzter Instanz überwiesen sind, und demselben in dieser Beziehung eine quasi prätorische Stellung gegeben ist, erscheint mithin auch in nicht processualischen Angelegenheiten die Ueberweisung der schließlichen Entscheidung an das Obertribunal gerechtfertigt. Bei der Eigenthümlichkeit dieser Angelegenheiten dürfte es jedoch rathsam sein, daß dem betreffenden Senate Beamte aus der Justiz-Verwaltung zugeordnet werden. Anderer Seits könnte eine Beschränkung der Berufung an das Obertribunal in Bezug auf die Summe, auch in processualischen Angelegenheiten, angemessen erscheinen.

Wenden wir uns nun zu der gemeinsamen deutschen Gesetzgebung, die für das Wechselrecht bereits besteht, und für andere Theile des Rechts ins Leben zu rufen ist, so erscheint auch für diese Gesetzgebung ein mit quasi prätorischer Macht bekleidetes Organ als dringendes Bedürfniß. In der Natur der Sache liegt es, daß die höchsten Gerichtshöfe der verschiedenen deutschen Staaten nicht in allen Punkten übereinstimmen, sondern in ihren Entscheidungen in manchen Beziehungen abweichende Rechtsgrundsätze aufstellen werden, wie dies in Bezug auf das Wechselrecht schon geschehen ist. Wird dem nicht entgegen gewirkt, so muß sich aus der gemeinsamen Gesetzgebung mit der Zeit wieder ein besonderes Recht für jeden Staat bilden, und die Gemeinsamkeit am Ende ganz verloren gehen. Von den Abgeordneten der deutschen Staaten, welche die allgemeine deutsche Wechselordnung im Jahre 1847 berathen haben, ist dem zufolge der Wunsch ausgesprochen worden, daß nach einigen Jahren wiederum ein Zusammentreten von Abgeordneten deutscher Staaten stattfinden möge, um in Bezug auf die verschiedene Rechtsanwendung das zu bezeichnen, was dem Geiste des Gesetzes und der Sache am gemäßesten erscheine, wonächst es allerdings jeder Regierung überlassen bleiben müsse, ob und wiefern sie die gefaßten Beschlüsse zum formellen Rechte, wenigstens als subsidiäre Rechtsquelle erheben wolle oder nicht. Als ein genügender Ausweg kann dieser Wunsch, der bis jetzt unberücksichtigt geblieben ist, nicht betrachtet werden. Die höchsten Gerichte der einzelnen Staaten werden die Beschlüsse einer solchen Konferenz schwerlich als eine höhere Autorität anerkennen. Nur durch die Gesetzgebung könnte ihnen daher die erforderliche Autorität beigelegt werden. Wenn dies indessen nur von einigen Staaten geschehen sollte, so würde das Uebel nicht vermindert, sondern gesteigert werden, indem dadurch die Rechtsverschiedenheit, welche bisher nur in der Anwendung bestanden hatte, zu einer gesetzlichen würde erhoben werden, was einer Beseitigung des gemeinsamen Gesetzes durch besondere Gesetze gleich zu achten wäre. Wenn aber auch alle verbundene Staaten bereit sein sollten, den Beschlüssen Gesetzeskraft zu geben, so würde dadurch immer nur auf kurze Zeit geholfen werden, und zwar, an Stelle der gesunden Aus- und Fortbildung durch die Rechtsanwendung und Rechtswissenschaft, auf dem bedenklichen Wege von fort und fort wiederkehrenden Novellen, die möglicher Weise dem Gesetze eine falsche

Richtung geben, und der ruhigen Entwickelung dessen, was noch in der Bildung begriffen ist, hemmend entgegentreten (73). Ueberhaupt erscheint die Ausgleichung der Verschiedenheiten, welche zwischen den Entscheidungen der höchsten Gerichtshöfe in Bezug auf die gegenwärtige und künftige gemeinsame deutsche Gesetzgebung hervortreten möchten, durch eine nicht richterliche Behörde, den Fall der äußersten das Einschreiten der Gesetzgebung rechtfertigenden Noth ausgenommen, in hohem Grade bedenklich. Als der einfachste Ausweg, um zum Ziele zu gelangen, könnte demnach die Bildung eines gemeinsamen deutschen Gerichtshofes für die gemeinsame deutsche Gesetzgebung bezeichnet werden. Dieser Ausweg hat indessen das wider sich, daß dadurch den höchsten Gerichtshöfen der einzelnen deutschen Staaten ein sehr wichtiger Theil der Entscheidungen würde entzogen werden, weshalb auch die meisten Staaten sich schwerlich dazu verstehen möchten. Die Errichtung eines ständigen oder für jetzt von Zeit zu Zeit, etwa alljährlich, zusammentretenden gemeinsamen deutschen Gerichtshofes, welchem, außer anderen ihm zu übertragenden Funktionen, auch die Befugniß beigelegt wird, in Konflikten zwischen den höchsten Gerichtshöfen der verschiedenen Staaten mit einer den Plenarbeschlüssen unseres Obertribunals nachgebildeten quasi prätorischen Macht zu entscheiden, dürfte dagegen nicht außer dem Bereich der Möglichkeit liegen, und würde dem Bedürfniß genügend entsprechen.

IX. Schlußbetrachtung.

Fassen wir das Ergebniß der vorstehenden Erörterung zusammen, so lassen sich folgende Sätze aufstellen:

1. Das römisch-justinianische Recht ist ein von dem wahren Grundgedanken des Rechts, der freien Persönlichkeit und freien Selbstbestimmung ausgehendes, in hohem Grade ausgebildetes,

in mehrfacher Beziehung jedoch von der vererbten römischen Rechtsrichtung gefärbtes, jus gentium.

2. Die Ueberschüttung unseres Rechtslebens durch das römische Recht, welches unsere Vorfahren sich als Grundlage einer neuen Rechtsschöpfung angeeignet haben, hat bei uns, wie in anderen deutschen Staaten, nach einem langen vorbereitenden Zeitraum mit Nothwendigkeit zu umfassenden Gesetzgebungen geführt. Unter den damaligen, die einzelnen Staaten trennenden, Verhältnissen konnte nur durch solche Gesetzgebungen das, was das allmählig herausgearbeitete, geläuterte und gewachsene deutsche Rechtsbewußtsein forderte, aus der römischen Verdeckung und Umhüllung zum Durchbruch gebracht werden.

3. Den Mängeln der hiernach durchaus gerechtfertigten preußischen Gesetzgebung, die theils, bei der ungemein schwer zu lösenden Aufgabe und Unvollkommenheit jedes menschlichen Werks, von Anfang an vorhanden waren, theils, der rasch fortschreitenden Rechtsentwickelung und dem derselben entsprechenden ausgebildeteren Rechtsbewußtsein gegenüber, in der Folge sich herausgestellt haben, hat man anfangs durch eine allgemeine Revision, dann durch zahlreiche Novellen abhelfen wollen.

4. Keiner dieser Wege hat einen günstigen Erfolg gehabt. Die allgemeine Revision ist, nach vielen ausgezeichneten Vorarbeiten, bei Seite geschoben worden, und die Novellen haben, mit einzelnen wohlberechtigten Ausnahmen, zu einer bedenklichen Rechtsverwirrung und äußerst erschwerten Rechtsanwendung geführt.

5. Das Ziel einer wahren Fortbildung des bestehenden Rechts kann nur auf den Wegen erreicht werden, zu denen das fortgeschrittene Rechtsbewußtsein und das täglich gesteigerte Bedürfniß drängen. Diese Wege sind:

a. Eine den gegenwärtigen Anforderungen entsprechende, durch Inhalt und Form die Fortbildung des Rechts durch die Rechtsanwendung und Rechtswissenschaft nicht hemmende, gemeinsame deutsche Gesetzgebung für das Strafrecht, und die den Verkehr wesentlich berührenden Theile des Vertragsrechts, besonders für das Handelsrecht.

b. Eine die Fortbildung gleichfalls nicht hemmende besondere umfassende Gesetzgebung für diejenigen Theile des Rechts, welche für jetzt von der gemeinsamen deutschen Gesetzgebung noch auszuschließen sind, sofern eine solche Gesetzgebung nicht schon besteht. Für Preußen insbesondere eine umfassende Gesetzgebung für diejenigen Theile des Rechts, welche in ihren wesentlich bestimmenden Grundzügen durch die erschienenen Novellen bereits umgestaltet sind, oder einer solchen Umgestaltung bedürfen, insbesondere also für das Proceß-Verfahren und Hypothekenwesen.

c. Neben der Gesetzgebung die Anerkennung der quasi prätorischen Stellung der höchsten Gerichtshöfe, wie sie in Preußen schon besteht. Außerdem die Errichtung eines ständigen oder für jetzt von Zeit zu Zeit, etwa alljährlich, zusammentretenden höchsten gemeinsamen deutschen Gerichthofes, der mit quasi prätorischer Macht in Konflikten zu entscheiden hat, welche in Bezug auf die schon bestehende und künftige gemeinsame deutsche Gesetzgebung zwischen den höchsten Gerichtshöfen der verschiedenen deutschen Staaten hervortreten. Novellen sind alsdann für die gemeinsame deutsche und jede besondere Gesetzgebung nur in Fällen zu erlassen, in welchen die Rechtsanwendung durchaus nicht zum Rechte gelangen kann.

Zum Schluß noch ein Wort in Bezug auf die anzustrebende gemeinsame deutsche Gesetzgebung. Das Rechtsbewußtsein und das Bedürfniß drängen in allen deutschen Staaten und Stämmen, in denen wirkliches Leben ist, nach diesem Ziele. Preußen ist der Staat gewesen, welcher zuerst die Ueberschüttung des römischen Rechts durchbrochen, damit aber auch zuerst das gemeinsame Rechtsband gelöst hat. Sein Beruf ist es, allen anderen deutschen Staaten wiederum in der Anbahnung eines vollendeteren gemeinsamen Rechtsbandes voranzugehen. Die Kräfte fehlen ihm theils nicht, theils werden sie auf seinen Ruf aus Deutschland sich zusammenfinden. Insbesondere werden die Männer, welche vorzugsweise geeignet sein möchten, für ein ächt deutsches Strafrecht den Grund zu legen und die Richtung zu geben, nicht zögern, dem Rufe zu folgen. Möge die Gegenwart sich den Ruhm nicht entgehen lassen, das Werk mit dem nöthigen Ernst und der erforderlichen Einsicht begonnen und vollbracht zu haben.

MIX
Papier | Fördert gute Waldnutzung
FSC® C083411

Kolibri 360 GmbH
Ferdinand-Jühlke-Straße 7
99095 Erfurt, Deutschland
produktsicherheit@kolibri360.de